超簡単準備で成功！
新体育授業のヒケツ

本吉伸行〈著〉

やったぁ、出来た！
楽しいネタ・スキル
大集合

学芸みらい社
GAKUGEI MIRAISHA

まえがき

　体育で欲しい情報は何かということで、50名ほどの教師にアンケートを取った。
　１位はできるようになる技術。
　２位が楽しいネタ。
　そして、意外にも３位が**簡単準備でできる工夫**であった。
　確かに体育の授業は準備が大変である。
　そもそも、教具がなければ、できない運動もある。
　器械運動などであれば、学校によって、ある物も違うだろうし、学年によっても準備にかかる時間は違うだろう。
　研究授業などで、山のような教具が体育館に並べられた状態からスタートする授業を見たことがある。その時点で、実際の体育の授業ではまず不可能である。
　どの程度、「準備」に時間がかかるのか。
　そして、何を「準備」しないといけないのか。
　このようなことをしっかりと明記した体育の教育書は意外と少ない。
　現場は、本当に忙しい。
　教材研究をする暇もないだろう。
　また、体育の指導に重点を置いていない教師もいる。
　でも、体育の授業には、体育の授業でしか味わうことのできない達成感がある。
　逆上がりができた。二重跳びができた。25m泳げた。
　その達成感は、時には、子どもたちの人生をも変える力を持つ。
　そんな成功体験を子どもたちに感じさせたい。
　そんな思いにわずかでも応えることができればと思い、本書を執筆した。**最低限の準備で、最大の効果を発揮するような工夫や指導法**を各領域にわたり、掲載している。
　各ページの冒頭には、準備時間の目安と、必要な教具について記載し、事前にどのような準備をどの程度すべきかが一目で分かるような工夫をし

た。さらに、巻末には**低中高学年の年間指導計画と共に、必要な準備物**も記載している。

　また、ただ単にできるようになるポイントを伝えるだけではなく、「**主体的・対話的で深い学び」を体育科で実現できる工夫や指導法**も記載した。

　子どもたちが喜ぶ体育授業。

　子どもたちに力の付く体育授業。

　苦手な子も喜々として取り組む体育授業。

　この本を手に取ってくださった方が、そのような授業を行う一つのきっかけになれば、この上ない喜びである。

　本書は、TOSS代表の向山洋一氏、TOSS体育代表の根本正雄氏をはじめとする、多くの諸先輩方の実践を追試し、準備物や準備の時間に焦点を当てて、まとめることで完成した。

　改めて、素晴らしい学びの場に身を置けることに感謝の気持ちでいっぱいである。

　また、本書をまとめるにあたり、学芸みらい社の樋口雅子編集長には、多くの示唆に富んだアドバイスをいただいた。

　この場をお借りして、深く感謝を申し上げたい。

　ありがとうございます。

2019年1月4日

TOSS大阪みおつくし
大阪法則化せんり
本吉　伸行

目　次

1 黄金の3日間
準備なしでできる仕組みづくり

- **1** 体育授業のシステム化……………………………10
  - ―3つの仕組みでストレス0の授業が実現！
- **2** 見学と服装の決まり………………………………12
  - ―ルールを作ってトラブル予防
- **3** 整列の指導は細分化して行う……………………14
  - ―意外と難しい二列整列をこう指導する
- **4** 背の順の指導………………………………………16
  - ―身長のデータなしでも、すぐに作れるマル秘指導法
- **5** 楽しい！　すぐできる！　体ほぐしの運動……18
  - ―クラス全員体育大好きにしよう
- **6** 風船を使った体ほぐしの運動……………………20
  - ―失敗なしで、みんな楽しい
- **7** 思考判断の評価方法………………………………24
  - ―ストレス0の3種類の評価方法
- **8** 即興授業……………………………………………26
  - ―システムづくりに成功すれば準備0で授業ができる

2 陸上領域
教具の準備から測定まで　簡単準備で行う指導法

- **1** 走の指導……………………………………………30
  - ―スタートに絞って、変化のある繰り返しで指導

2 走り方のフォーム……………………………………………32
　　　―個別評定で指導
3 50m 走………………………………………………………34
　　　―8秒間走で子どもの意欲を向上させよう
4 タイム測定…………………………………………………36
　　　―班を活用し、システムで行う
5 ハードル走の指導①………………………………………38
　　　―1台から準備し、無理なく指導しよう
6 ハードル走の指導②………………………………………40
　　　―10秒間走で子どもの意欲を向上させよう
7 幅跳びの指導①……………………………………………42
　　　―白線1本で子どものやる気が急上昇する
8 幅跳びの指導②……………………………………………44
　　　―この一点の指導で記録が劇的に向上する
9 幅跳びの指導③……………………………………………46
　　　―毎時間、計画的に測定の技能を育てる
10 高跳びの指導①……………………………………………48
　　　―ゴム紐とマットで、たくさんの場を作ろう
11 高跳びの指導②……………………………………………50
　　　―踏切りから細分化して指導する

3 器械運動
最低限の準備で　楽しく　できるようになる指導法

1 前転……………………………………………………………54
　　　―変化のある繰り返しで指導しよう
2 後転……………………………………………………………58
　　　―踏切り板を使って達成率を激増させよう
3 側方倒立回転（側転）①…………………………………62
　　　―跳び箱1つで、苦手なあの子もできるように

- 4 側方倒立回転（側転）②……………………………………64
  ─ゴム紐1本で、子どものやる気に火をつけよう
- 5 継続指導……………………………………………………66
  ─多くの技を継続して指導するための場作り
- 6 開脚跳び①…………………………………………………68
  ─みんなできた！　向山型跳び箱指導法A式
- 7 開脚跳び②…………………………………………………70
  ─高学年女子にもできる接触のないB式指導法
- 8 ゲーム化した開脚跳び………………………………………72
  ─「主体的・対話的で深い学び」をゲーム化で実現する
- 9 台上前転……………………………………………………74
  ─セーフティーマットで苦手な子にも優しい場を作ろう
- 10 抱え込み跳び………………………………………………76
  ─うさぎ跳びが成功の秘訣
- 11 鉄棒運動……………………………………………………80
  ─短く、長く、無理をせずに指導しよう
- 12 逆上がり……………………………………………………84
  ─補助具なし。簡単指導でできるようにしよう

4 ボールゲーム
授業時間に準備し、楽しく、できるようになる指導法

- 1 ドキドキ中当て……………………………………………88
  ─ボールとコーンだけでできる低学年ボールゲーム
- 2 卵割りサッカー……………………………………………92
  ─苦手な子も楽しめる簡単ルールのサッカー
- 3 キャッチハンドボール………………………………………96
  ─ボールとコーンだけで、すぐできる高学年ボールゲーム
- 4 パワーアタックバレーボール……………………………100
  ─スタンドとゴム紐でできる高学年ソフトバレーボール

5 心電図の実践……………………………………………………104
　　―動きを記録し、子どもに考えさせる

5 水泳
一斉指導で、できるようになる指導

1 向山型水泳指導……………………………………………………106
　　―全体指導で劇的に泳力を高めよう
2 背浮き………………………………………………………………110
　　―命を守る最も大切な指導背浮き
3 浮く指導……………………………………………………………112
　　―浮くのが怖い子は時間を区切って指導しよう
4 波のプール…………………………………………………………114
　　―みんな大好き！　人工で波のプールを作ろう

6 表現領域
運動会でもすぐ使える　集団行動の指導

1 団体演技……………………………………………………………116
　　―終末局面開始の原則を使う
2 団体演技　交差の指導……………………………………………118
　　―小学生でもできる！　保護者感動の交差の指導
3 創作ダンス…………………………………………………………120
　　―グーチョキパーで誰でもできる創作ダンス

7 体つくり運動
準備なしで力をつける

- **1** 低学年　長縄 …………………………………………………………122
  　―スモールステップで低学年でも連続で入れる
- **2** 高学年　長縄 …………………………………………………………126
  　―毎時間10分の指導で1分間100回を突破しよう
- **3** ダブルダッチ …………………………………………………………130
  　―憧れの技もスモールステップで、どの子も跳べる
- **4** 二重跳び ………………………………………………………………134
  　―きっかけづくりとシステムで二重跳びができる
- **5** あや跳び　はやぶさ …………………………………………………136
  　―最初の1回の指導で、できるようにしよう
- **6** 2IN1 ……………………………………………………………………140
  　―2人組で跳ぶ、様々な工夫ができる縄跳び
- **7** ドンじゃんけん ………………………………………………………142
  　―体育館のラインですぐできる

8 年間指導計画と準備物一覧

- **1** 低学年年間指導計画 …………………………………………………144
- **2** 中学年年間指導計画 …………………………………………………145
- **3** 高学年年間指導計画 …………………………………………………146

1-1 準備なし

体育授業のシステム化

3つの仕組みでストレス0の授業が実現！

●全学年　1学期

必要な準備
【場所】体育館
【準備物】跳び縄：1人1本（事前に連絡して準備。忘れ用にも準備）
【準備時間】0分

　体育の授業も、他の教科と同じで黄金の3日間が、極めて大切である。この時期はシステムづくりに全力を注ぐ。以下の3つである。
1．趣意説明とルールの徹底
2．集合と整列の技能向上
3．長期的に力をつけるシステムの構築

1．趣意説明とルールの徹底

　ルールを徹底させるために、趣意説明をする。この時期に徹底させなければいけないルールは以下だ。
①安全面の大切さと指示の聞き方や服装
②見学についてのルール

　まず、①安全を確保するためには、指示の聞き方、服装が大切だということを伝える。水泳などでは、指示が聞けない状態になると、命を失うような危険がある。体育では指示を聞き、素早く行動するのは絶対の条件。集合した後に、1、2、3で、三角座りをして、先生を見るというような約束事を決めておく。次に服装。指導は赤白帽が良い。赤白帽は、頭を守ってくれているということ。だから意図的に脱いでいる場合は、**体育を**

中止するというように、最初に伝えておく。だから、年間通して、ぶれずに指導することができる。

②見学については、基本的には保護者の連絡がなければ、見学はできないということを伝える（急な体調不良などの場合は、もちろん例外だが）。

さらに、見学した場合は、休み時間、遊べないことを伝えておくことが大切である。

2．集合と整列の技能向上

集合で、教えるべきは、たった１つ。バラバラの集合である。図１のように教師の周りにバラバラに集合する。整列も多くは必要としない。背の順２列

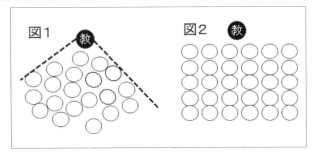

か教室と同じ形の整列（図２）のみである。

体育の時間は、この３つ並び方しかやらないことを伝え、何度も徹底して行い、短時間でできるようにする。時間を計り、速く集合できることを価値づけ、褒めていくことで、少しずつ時間をかけずに集合、整列ができるようになっていく。

3．長期的に力をつけるシステムの構築

体育の技能は、習熟するのに時間がかかる。特に高学年になれば、まずは、抵抗感を拭い去るところから始めないといけない。期間をかけて、鍛えるという発想が必要である。そのためには、**授業開始時の運動を固定することが大切である**。体育館は短縄、運動場は鉄棒で固定する。短縄は、次々と違う技を短時間で行う。鉄棒も同じように、つばめや、豚の丸焼き、持久懸垂などを短時間で行う。まずは、アレルギーを起こさせないように、簡単な技を繰り返し行う。５分～10分の指導の継続。時間はかかるが、２学期末には、子どもたちの技能が劇的に向上するようになる。

1-❷　準備なし

見学と服装のきまり
ルールを作ってトラブル予防

●全学年　1学期

必要な準備
【場所】教室
【準備物】なし
【準備時間】0分

　1-❶で、記載したように、体育の黄金の初日には、集合や整列、服装など様々なしつけをする。ただ、その一方で見落とされがちなのが、着替えと見学についてである。このことをしっかりと意識して、指導しなければならない。

1．着替えについて

　まずは、着替えも授業のうちだということを教師がしっかりと認識し、子どもたちにも伝えることが大切だ。低学年であれば、教室で指導をする。高学年であっても、**着替えた後に、教室に戻して指導したい**。

　着替えの際、最も大切なポイントは、**机の上に何もない状態**にすることである。服をたたみ、椅子の上に置いて、椅子をしまっておけば、目に付くものもなく、トラブルが起こりにくい。このようなことを教えておき、そのうえで、**できていない場合は、「やり直してもらうこともある」と伝えておく**。ただ、伝えただけでは、なかなか定着しない。少しずつ身に付けさせていくことが大切である。TOSS代表の向山洋一氏は、体育の授業で子どもたちが移動した後に、教室を見るそうである。その後、授業が始まり、集まってきた子どもたちに、以下のように言う。

12

「○君、□君、△さん、立ちなさい。机の上に置いてあった服が乱れていました。教室に戻って、たたんでいらっしゃい。」

そのうえで、残っている子どもたちには、鬼ごっこなどの楽しい活動を行う。そして、しっかりとたたんで、戻ってきた子には、たたみに行ったことを褒めるようにする。これを数日後、また繰り返すという流れである。怒鳴る必要などはない、温かい指導。しかし、**しっかりとやっている子が得をする仕組み**をつくり、定着させていくのである。高学年の更衣については、学校により、様々なきまりがあるだろう。まずは、それにのっとったうえで、ルールを決めていくことが大切である。

2．見学のきまりを確認する

見学に対しても、黄金の3日間でしっかりときまりを作っておくことが大切だ。端的に表すと、以下の3つになる。

①体育の見学の際は、保護者の連絡がいること（連絡帳に）。
②見学は、筆記用具を持参し、自由帳などに、良い動きの児童を見つけて書くこと。
③体育を見学した場合、休み時間に遊ぶことはできないこと。

もちろん、例外はあるが、原則として、上記のことを確認しておくことが大切だ。②の良い動きを記録する際、自由帳がない場合は、どんな紙でもいいことを伝えておき、とにかく書かせる。

見学も含めて、空白の時間をつくらないようにすることが大切である。

見学の子が書いた用紙は、もし体育の授業中に余裕があれば、発表させるとよい。そうすることで、良い動きをしていたことを強化することにもつながる。

時間がないときには、隙間時間に発表させたり、提出させて、次の時間に教師から全員に伝えるなどするとよい。

（引用文献：『体育授業の新法則化　低中高基礎基本編』）

1−3　準備なし

整列の指導は細分化して行う
意外と難しい二列整列をこう指導する

●全学年　1学期

必要な準備
【場所】体育館
【準備物】なし
【準備時間】0分

　1−1で、記載したように、集合は基本的に、バラバラの集合が多くなる。しかし、教室移動などの多くは、二列、背の順で並ぶ。災害時のことを考えると、背の順に素早く並ぶことは、極めて大切なことだ。が、定着させるのは意外に難しい。背の順の指導もステップが必要なのだ。

1．背の順に並ぶことを細分化する

　背の順に並ぶ。と一言で言うが、実は、大きく分けると、2つの技能を有している。

①背の順番で、自分がどこかを理解し、その場に行くことができる。
②一列に、まっすぐ並ぶことができる。

　最近ようやく、このことに気がついた。①と②は全く別の技能なのである。これをいっぺんに指導するから子どもも、教師もしんどくなる。したがって、まずは、②のみを指導する。
　だいたい、背の順を身体測定で測定するのも、体育の授業開きより、後のことが多い。

まずは、一列に並び、座ることができるようにする。

2．一列に並ぶことだけを指導する

体育の授業で、以下のように進める。

指示1．体育館の4つの壁にタッチします。
　　　　タッチしたら、早い者順で一列に並びなさい。

戻ってきたら、最初に戻ってきた子を褒める。走って戻ってきている子も褒める。座らせてから以下のように伝える。

説明1．体育の授業は、3歩以上の移動は常に走ります。みんな偉いね。
　　　　よくできています。

早い者順で並ぶということなので、基本的に走って移動するようになる。やることも簡単なことを変化のある繰り返しで行う。

指示2．次は、けんけん。3つの壁にタッチしたら、戻ってきます。

今度は、5人ほど並んだときに「前へならえ」と号令をかける。その後、三角座りをさせる。

説明2．集会などで並ぶときがありますが、前の人と近づきすぎていると、三角座りができません。そのために、前へならえをして、ちょうどいい距離をとるのです。

このように、活動を変化のある繰り返しで行い、趣意説明をするという流れで、一列に並ぶことを定着させていく。

3．二列に並ぶ指導

これを応用して、二列に並ぶことも教えることができる。

指示3　スキップ。3つの壁にタッチしたら、二列で並びます。

同様に、前へならえをさせて、今度は横の列もそろえることを教える。

時間を計測すると、子どもたちも、楽しんで取り組むことができる。まずは、背の順にこだわらないで並べるようにすることがポイントだ。

なお、背の順の指導は、この指導とは別に行う。

1―**4**に詳しく記載している。

1-4 準備なし

背の順の指導
身長のデータなしでも、すぐに作れるマル秘指導法

● 1年以外　1学期

必要な準備
【場所】体育館　もしくは　教室
【準備物】なし
【準備時間】0分

　背の順は、正式なものを作ろうと思えば、身体測定が終了し、それをデータ化したものを手元に置き、順番に名前を言って並ばせていかなければならない。しかし、そのような方法をとらずに、背の順を作る方法がある。

　サークルのメンバーで、背の順をどうやって作るかということが話題になった。驚くことに、人それぞれ、全く違っていた。

1．M先生流　1学年2クラスならすぐできる方法

　M先生の学校は、1学年2クラス。以下のように簡単に背の順を作っているとのことだった。
指示：前1組だった人　こっち（右）に背の順一列
　　　前2組だった人　こっち（左）に背の順一列
　前のクラスの背の順はある程度、覚えているはずだ。これなら一瞬で背の順を組むことができる。衝撃の方法だった。準備0で、すぐにできる。

2．O先生の方法＋αで、みんなで考えた方法

　O先生には、教室でゲーム化しながら、並べる方法を教えてもらった。

O先生の方法をもとに、サークルで意見を出し合って考えた方法が、以下である。
(30名前後の学級を想定)
1．人数集めゲームをする（手をたたいた数だけ集まる等）。
　　2人　⇒　4人　⇒　8人　と増やす。
2．8人グループで、黙って、誕生日順に並びなさい。確認して、褒める。
3．8人組で、背の順に黙って並びなさい。
　　静かにできたことを褒める。
4．16人で背の順。できるかな？　できたらすごい、と言って並ばせる。
5．30人できたら超すごい、と言って並ばせる。これで一列完成。
6．30人をもとに、二列を作り並ばせる。

3．N先生流　荒れたクラスは背の順なし

　N先生は、昨年度、強烈に荒れた学年を担任した。授業エスケープ。授業妨害。何でもありの学年。そもそも、そのような状況であれば、背の順で並ばせないという方法をとる。
　並ぶときは、すべて出席番号順の男子一列、女子一列で統一していたそうだ。余計な指導をしない。究極に荒れている状況であれば、これも1つの方法である。ただし、集会の時に、背の低い児童が見えにくいなどのデメリットはある。そのデメリットを差し引いても、統一したほうがいいという考え方だったのだろう。

4．荒れたクラスでのもう一歩のつめ

　荒れたクラスでは、背の順を崩すというアドバルーンがすぐに起こる。これを放っておくと、あっという間に並ばなくなる。N先生の指導でもそうだが、**大切なのは、教師がそれに気づくことである。**
　どのような決め方であれ、並びを教師が把握しておくのは、荒れたクラスでは絶対に必要なことである。

1－5　準備なし

楽しい！　すぐできる！　体ほぐしの運動
クラス全員体育大好きにしよう

●全学年　1学期

必要な準備
【場所】体育館（運動場でも可能）
【準備物】なし
【準備時間】0分

　これまで、細かなルールやシステム、統率するための微細技術などを紹介してきたが、体育は、何と言っても楽しいのが一番である。簡単にできて、楽しい体育の授業で一気に子どもたちを体育好きにしたい。お勧めは、体ほぐしの運動である。

1．鉄板！　すぐできる！　2人組で行う体ほぐしの運動

　2人組で行う体ほぐしの運動である。背の順をもとにした2人組でもいいし、高学年で男女で組むことに抵抗がある場合は、自由に2人組を作らせてもよい。以下のようにテンポよく進める。（その都度、見本を示しながら行うと分かりやすい。）

指示1．足じゃんけん。じゃんけんで負けた方が、相手の周りをけんけんで1周。やめというまで、繰り返します。
指示2．向かい合って立ちます。バランス崩し。触っていいのは相手の手だけ。足が動いたら、負けです。
指示3．けんけんしながら、バランス崩し、もう片方の足がついたら、負けです。

指示4．右手で握手をして、残った手で、背中のたたき合いをします。
　　　　逃げながら、相手の背中をたくさんたたきます。
指示5．両手を握って、足の踏み合い（同様に逃げながら、相手の足を踏む）。
指示6．両手を握って、コーヒーカップのようにくるくる回ります。
指示7．じゃんけんをします。負けた人が上向きに寝ころびます。
　　　　勝った人は、手を持って、引きずります。
　　　　（しばらくして、交代する。）
　　　　（足をもって、引きずっても面白い。）
指示8．きゅうりのお漬物を作ります。
　　　　じゃんけんをします。
　　　　負けた人は、寝ころんで、きゅうりになります。
　　　　まずは、水で洗い流し泥をとりましょう。
　　　　次に、塩をもみます。
　　　　最後に、トントン切っていきましょう。
　　　　（終わったら、交代する。）

　どの運動も、間違いなく盛り上がる運動である。
　ただ、高学年であれば、体の接触が多すぎる運動に対しては、2人組の作り方に配慮が必要である。
　また、背中のたたき合いや、膝のたたき合い、くるくる回る運動などは、あまり長時間行うと、怪我につながったり、トラブルになったりする可能性がある。どの体ほぐしの運動も、20秒〜30秒ほどにし、次々と違う運動にし、相手を変えていくほうがよい。
　学期初めに、瞬時に相手を変えることができるようになると、その後の体育の授業も大変やりやすいものになっていく。

1-6 準備1分

風船を使った体ほぐしの運動
失敗なしで、みんな楽しい

●全学年　1学期

必要な準備
【場所】体育館
【準備物】風船：班（4人組）に1個
【準備時間】1分

　風船が上記の数だけあれば、あとは特別な準備は必要ない。どの学年でも、必ず盛り上がる、体ほぐしの運動である。ただし、最後の運動は、手をつなぐので、高学年では配慮が必要だ。

1．風船を使った体ほぐしの運動①～自由にパスする～

　中高学年であれば、風船を渡し、自分で膨らませる。低学年であれば、事前に膨らませておいてあげて、大きな袋に入れて、用意しておくといいだろう。風船は動きがゆっくりで、失敗も起こりにくい。

　班で1つ膨らませて、風船を渡す。後は、以下のように、次々と変化のある繰り返しで進めていく。

1．風船を自由にパスし合いなさい。
2．手ではじいて、パス。
3．足だけで、パス。
4．手足以外で。

最初は、簡単なものから始めて、徐々に変化をつけていく。
　回数を数えさせて、対決させてもよいし、「男女交代になるようにしなさい」など、負荷をかけても、面白い。
　順番を決めて、順番どおりに、風船に触るというようなルールも考えられる。中高学年で、お互いの名前がはっきり言えるような状況であれば、名前を呼びながらパスして、名前を言われた人が次に受けるなどのルールもあり得る。とにかく、タッチする場所や、タッチの仕方のルールを工夫することで、無限に風船1個で楽しむことができる。

2．風船を使った体ほぐしの運動②～みんなで止める～

5．座りましょう（見本を見せるために、座らせる）。
　　1人の人が、風船を、上に上げます。
　　全員の右手で、キャッチできれば、合格です。
　　何度も繰り返し、やってみます。
6．次は、全員の左手でやりましょう。
7．次は、全員の人差し指で、やりましょう。
8．全員の足を使って止めます。
9．全員の背中でやってみましょう。
10．どこを使ってもいいので、できるだけ低い位置で、風船を止めましょう。

　一人一人ではなく、全員でという縛りをつけることにより、少し難易度が増す。低学年より、中高学年にお勧めである。2年生くらいであれば、「難しいよ。できれば、すごい」と言って、やらせてみると盛り上がる。

3．風船を使った体ほぐしの運動③～手をつないで～

11．座りましょう（見本を見せるために、座らせる）。
　　班全員で手をつなぎます。

この状態で、落ちないように、風船をパスし合います。

１分間に何回できたか、数えます。

落ちたり、手が離れたりしては、いけません。

12. 手をつないだまま、風船を落とさずに、自由に動いてごらんなさい。
13. 今度は、前と後ろ、両方の壁にタッチしたら、先生のところに戻ってきます。
14. 今度は、前後ろ右左、４つの壁にタッチしたら、戻ってきなさい。
15. パスをしながら、他の班、１グループと、風船を入れ替えなさい。手は離してはダメですよ。

　手をつなぐ運動なので、高学年では、厳しい場合もあるかもしれない。しかし、体育の授業では、必要最低限の接触というのは、有り得るということを、こういった楽しい機会を通して、伝えておくのはとても大切なことである。この運動を始める前に、以下のような趣意説明をすれば、多くの場合、よほど荒れていなければ、高学年でも、取り組むことができるのではないかと思う。

　これから、体ほぐしの運動をします。体ほぐしの運動は、運動しながら、友達の動きを見て、感じて、体の動きを勉強する体育の大切な勉強です。時には、班で手をつないだり、触れ合ったりもします……。が、これは、体育の勉強のためにやるのです。どうしても嫌だ、という人は今、立ってごらんなさい。……いませんか？　では、そういった触れ合いの場面があっても、嫌がったり、つなぐのをしなかったりというようなことはないようにしてください。

もし、そこで「嫌です」と言う子がいれば、その子は、その時だけ、見学させてもよい。また、そういった子が出そうな状態であれば、無理に上記の運動はするべきではない。

☆コラム体育微細技術1　体育の黄金の3日間の趣意説明

　先に示したように、体育の授業を行う前の趣意説明というのは、とても大切である。なぜ、このような活動をするのか。それを先に説明しておくことで、活動がスムーズに流れる。体の接触以外にも、体育の授業を何のためにするのかということをしっかりと子どもたちに語っておく必要がある。以下は、セミナーで長崎の伴一孝氏から学んだ体育の趣意説明である。私は、毎年行っている（記憶をもとに、自分でアレンジしているので、正確ではない）。

　体育の授業とは、強い心と体を育てることが大切です。
　強い体。ボールゲームで点が取れても、倒立ができても、学校をよく休むようでは意味がありません。健康で丈夫な体をつくることが大切なのです。
　また、ちょっとしたことで、あきらめない折れない心をつくることも大切です。
　体育の授業で、時には、しんどいな〜とか、恥ずかしいな〜とか思うことがあるかもしれない。でも、それは、強い体と強い心をつくるために大切なことなのです。
　しんどいな〜、恥ずかしいな〜、を乗り越えて、頑張った回数だけ、心と体の成長があります。1年間頑張りましょうね。

　この話を最初にしているからこそ、様々な場面で子どもたちに、あと一歩の努力を要求することができる。「今、体が成長しているよ」「今、心が成長したね」そのように声をかけ、頑張りを価値づけていく。この繰り返しで、子どもたちは成長していくのだ。

1-7 準備なし

思考判断の評価方法

ストレス0の3種類の評価方法

●全学年　全学期

必要な準備
【場所】体育館　運動場共に
【準備物】児童が記録する紙（何でもOK）
【準備時間】体育以外の時間で、数分

　旧学習指導要領でも、新学習指導要領でも、体育では、思考判断の評価をしなければいけない。研究授業などの特別な授業は別として、日々の授業で、この思考判断の評価をどのようにするかは悩ましい問題である。

1．旧と新で何が違うのか？

　旧学習指導要領では、①技能　②態度　③思考・判断、と3つの観点で評価を行うことになっていた。
　しかし、新学習指導要領では、①知識及び技能　②思考力、判断力、表現力等　③学びに向かう力、人間性等、という記載となった。
　これまで、思考・判断だったものが、思考力、判断力、表現力となった。つまり、思考し、判断し、表現することがセットになったわけである。
　より詳しい表記がされている部分を見ると、「運動や健康について自己の課題を見つけ、その解決に向けて思考し判断すると共に、他者に伝える力」となっている。このことをもとに、どのように日々の授業を行っていくか、考えていかなければならない。

2．評価の方法は3種類

　思考、判断とは、頭の中で行うものである。それを、どのように評価するかといえば、目に見える形にしたものを、評価するしかない。では、体育で、目に見える形にして、評価する方法とは何か？
　私は3つあると考える。

①運動として現れたものを評価する。
②発表を評価する。
③書かせたものを評価する。

　まず1つ目は、運動として現れたものを評価する方法である。**キーワードは多様性である。**「できるだけ多くの」と、子どもたちに伝えると、子どもたちは様々な動きを考える。これこそ思考・判断である。縄跳びや鉄棒、マットで、「1分間のうちにできるだけたくさんの技をやりなさい」と言って、評価する。水泳であれば、遠泳で、「できるだけたくさんの泳ぎ方で泳ぎなさい」と指示する。そうして、子どもの動きを評価していくのである。
　2つ目は、発表である。全員が指名なし発表等で、短時間で、発表ができるようにしておけば、このような評価も可能である。ボールゲームで「より得点を取るにはどうしたらいいですか？」等の発問をし、動いて確かめた後に、全員に指名なし発表をさせて、評価するようにする。
　3つ目は、書かせたものを評価する、という方法である。ただ、体育カードなどを運動場、体育館に持っていくということを私はあまりしない。煩雑になるし、いい加減になるからである。体育の時間とは別にちょっとした隙間時間を使い、書かせて、それをもとに評価するようにする。そうすることで、どの子も落ち着いて考え、書くことができる。
　単元の中で、この時間は、思考・判断・表現を評価しようというように決めて行うことで、よりスムーズに評価をすることができる。
　見える形で、子どもにも教師にもできる限り、ストレスのない評価を計画的に行っていくことが大切な観点である。

1 - 8 準備なし

即興授業

システムづくりに成功すれば準備0で授業ができる

●全学年　全学期

必要な準備
【場所】運動場
【準備物】なし
【準備時間】なし

　システムができてしまうと、直前まで何の準備がなくても、流れるような授業ができるようになる。

　体育の授業では、教師が準備する時間がどうしても必要である。例えば、ボールゲームをするなら、コートを描かなければならない。また、わずかな時間ではあるが、ボールを出す時間も準備の時間である。ただ、これらの準備を授業中に、子どもを待たせてやっていると、運動量が落ちてしまう。1 - 3 や 1 - 4 で、述べたような集合や整列の仕組みがしっかりとでき、子どもが楽しんで体育の授業ができるようになっていれば、全く準備ができていなくても、子どもを動かしながら、楽しく、運動量を確保することができる。以下、全く何の準備もできていないで、運動場に行った時の1年生の体育授業の記録である。

1．全体のパーツを確定する

　この日は、本当に何の用意もできていなかった。チャイムと同時に、着替えて、運動場に出るのがやっと。勤務校では、冬の外体育は、縄跳びとボール運動になっている。しかし、3学期始まってすぐで、子どもたちは、まだ跳び縄を持って来ていなかった。極寒の運動場。運動量を増やさ

なければならない。また、長縄大会があるので、長縄の練習も必要である。瞬時にパーツを考える。

1．鬼遊び
2．長縄
3．ボールゲーム

　この3つの流れで授業をすることを確定した。

2．鬼遊びに必要な準備

　鬼遊びをする際、運動場で必要なのが、範囲である。高学年であれば、トラックの中でやるようにと伝えれば十分であるが、1年生は、トラックが理解できていない。
　学年でやるときは、トラックのラインをいつも描いていた。今回、ラインを描くような時間も当然ない。縄跳びをさせて、ラインを描くこともできない。さ～どうするか？？
　大切なのは、子どもたちに概ね範囲を理解させることである。
　私は、子どもたちと一緒にトラックを1周ゆっくり走った。
　1周走った後、私のすぐ後ろの数人を速かったね～と言って、褒めて、立たせ、帽子を脱がせた。
　今、走ったところがトラックです。
　トラックの中で、氷鬼をします。
　今立っている人、帽子のない人が鬼。
　10秒前………
　すぐに子どもたちは、鬼ごっこを始めた。運動が常に続いている状態である。2回戦した後、上着を着ている子はいなくなった。

3．長縄も待たずに始める

　鬼ごっこ終了後、子どもたちを集める。
　「じゃんけんをし、勝った人は、向こうのゴールポスト、負けとあいこは、あっちのゴールポストにタッチ」と言い、じゃんけんをする。子ども

たちが、タッチしに行っている間に、長縄を用意する。

一番に戻ってきた子どもに長縄を渡し、回し始める。

長縄の指導法（低学年）については、7章の体つくりで、詳しく触れる。
何度か練習を行い、記録を測定し、終了した。

ちょっとした準備の時間だが、このように、**連結の運動を入れ、その間に準備をする**ことで、運動量を確保することができる。

4．ボールゲーム

ボールゲームの際、いつも、わずかだが、隙間時間ができていた。それは、ボールを取る時間だ。

多くの場合、ボールは、右写真のように、ボール入れに収納されている。子どもたちは、当然、いいボールを使いたい。その結果、ボールの入れ物の中に殺到し、ぐちゃぐちゃになる。ひどい場合は、けんかも起きる。

グループで座らせて、時間差で取りにこさせる方法もあるが、どうも、これも納得いかなかった。流れが切れるのだ。

以下のような流れで、ボールを渡した。

①長縄終了後、トラックを1周走るように指示（トラックは分かっているので走れる）。
②そのまま、私は体育倉庫に行き、ボールの入れ物を出す。
③子どもたちが、戻ってくる前に、ボールを全て、ぶちまける（ひっくり返して）。
④早く来た子から、好きなボールを選ばせる。
⑤半数くらいが選んだ時点で、ボール投げ上げの運動を始める。

この流れでスムーズに授業が流れた。
　けんかも起きなかった。
　早く来た子ほど、すぐにボールを選ぶことができる。
　また、ボールが散らかっているので、子ども同士が取り合うことも少ない。
　途中から運動が始まるので、急いで取らなければならない。
　指示を出しながら、残りのボールを片づけるのは、10秒ほどですぐ終わった。
　その後、2人組でのパス。4人組でのパス。
　4人対4人で、4－**1**で掲載する「ドキドキ中当て」を行った。結局、体育の時間、終了まで、子どもを待たせるということは、ほとんどなかった。

5．時間差を埋めるためには……

　今回の体育の授業はいくつかの微細技術から成り立っている。

①早く来た子が得をするシステム。
②待たない。
③連結の運動で運動を重ねる。
④動かして理解させる。

　このような技術を使いこなし、子どもが動くようになれば、運動量が増えるとともに、子どもの達成感にも間違いなく、つながっていくはずである。
　教師が動くのではなく、子どもが動く。
　そして、子どもの動きが速くなる。
　教師が楽をするからということではなく、長い目で見たときに、間違いなく、子どもの成長、子どもの体力向上につながってくる。そして、そのような動きは、学級でも様々な場面で生きる力となる。
　システムと微細技術で、体育の授業を運営することは学級経営上も極めて重要である。

2-1　準備なし

走の指導
スタートに絞って、変化のある繰り返しで指導

●中高学年　1学期

必要な準備
【場所】運動場　体育館　どちらも可能
【準備物】笛
【準備時間】0分

　スタートの指導は、変化のある繰り返しで、次々と行うことで、子どもたちはやる気になる。

　向山洋一氏は、『体育授業を知的に』（※以下同著）の中で、スタート指導について、以下のように述べている。
　大切なことなのだが、一回やったことは、続けて二度はやらない。
　次々と、ちがう姿勢でスタートさせるのである。【中略本吉】
　そして、自分の最も走りやすい方法をとらせる。
　この実践を追試し、変化のある繰り返しで、スタート指導を行った。

1．変化のある繰り返しでスタート指導をする

　四列、もしくは、六列で子どもたちを並べる。
　スタートを指導するので、一番前の列と二列目とを少し離して、並ばせる。
　そのうえで、以下のように次々と変化を加えてスタートさせる。
指示1．三角座り。後ろ向き。　用意ピ（笛の音）
指示2．三角座り。前向き。　ピ
指示3．立膝。両手をついて。　ピ

指示4．反対の立膝。両手を
　　　ついて。ピ
指示5．気を付けの姿勢。ピ
指示6．気を付けの姿勢。両
　　　手をついて。ピ
指示7．6の姿勢から右足を
　　　後ろに引いて。ピ
指示8．今度は、左足を後ろ
　　　に下げて。ピ
指示9．自分の最も走りやすいと思った方法で。ピ

　次々と変化を加えて、そのうえで、最終的には、自分が最も走りやすいと思った方法を選択させる。人によって違いはあるが、多くの方法を知り、その中から選ばせるということが大切なのだ。

2．指導はしないが、知っておくとよい知識

　無理に指導する必要はないが、知っておいたほうが良い知識がある。
　同著の中で、向山氏は以下のように述べている。

○重心は低い位置にした方が良い。
○きき足が前に出て、走り出すとき、その前足に全体重がかかる。

　できるだけ早く全力疾走になるためには、上記のようなことが大切だということを知っておく必要がある。
　ただし、向山氏は、このようなスタートを行うためには、それなりの技術が必要だと書いている。
　無理に、教えこんでしまい、納得がいかない状態よりも、様々な方法を経験し、自分にあったものを選ぶというのが、大切だということだ。
　最終的には、自分にあった方法で、スタートすることが大切なのである。
　走り方は、納得しないと、すぐに元に戻ってしまう。子どもたちが納得するような形で無理なく進めていくのが大切だ。

2-❷ 準備なし

走り方のフォーム
個別評定で指導

●中高学年　1学期

必要な準備
【場所】運動場
【準備物】なし
【準備時間】0分

　走り方のフォームは、人それぞれだが、一点指導するとするなら、腕の振り方を指導する。そのうえ、個別評定（一人一人に点数や合否を伝える方法）をすることで、速く走るフォームを定着させることができる。

1．走らせずに、その場で指導する

　まずは、走らせずにその場で、腕の振り方のみを変化のある繰り返しで指導する。
指示1．腕だけ振ります。小指がズボンの横に触れるように振りなさい。
指示2．腕を振ります。親指が目の高さまでくるように振りなさい。
指示3．軽く駆け足しながら、腕を振りなさい。
指示4．その場で、30回腕を振りながら、駆け足したら、座りなさい。

　このように、腕の振り方に絞って指導する。足の速い遅いではなく、違う部分で評価をするので、足の遅い子も「できる」という評価を与えることができる。逆転現象が起きやすい展開になる。大切なのは、進行方向に

向かって、しっかりと腕が振れているということである。

2．個別評定する

　腕の振り方を教えた後は、それができているか、個別評定する。

　今まで、自分の走り方というのを少なくとも、10年近く続けてきたわけである。そう簡単には直らない。詰めすぎる必要はないが、個別評定により、**一人一人確認して、「教えたことができているかどうか」は評価する必要がある**。個別評定のためには、1人ずつ教師の前に走ってくる必要がある。そのため、以下のように進める。

　図1のように、教師はスタートの場にいる。5mラインにコーンを置き、

指示1．隣の人が、コーンを越えたら、次の人がスタートしなさい。

と伝える。これで、1人ずつスタートすることが、子どもたちには分かる。

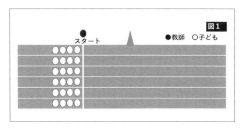

　コーンを越えたら、元の列に戻らせる。次に、教師が、図2のようにゴール間際に立つ。

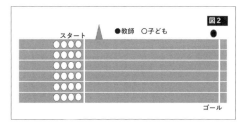

指示2．先生のいる場所を全力で走り切りなさい。

　こう指示して、ゴール間際でも失速しないことを教える。

　そのうえで、腕の振り方を一人一人評定する。

指示3．腕の振り方を見ます。目の高さまで腕が振れていれば、合格です。

　1人ずつ走ってくる子を、合格！　惜しい！　と評定していく。

　その後、上手に走れている子を見本で取り上げる。遅いが腕がしっかりと上がっている子を意図的に取り上げる。

　そのようにして、体育が苦手だと思っている子にもスポットライトを当てていくようにする。

2-3 準備1分

50m走

8秒間走で子どもの意欲を向上させよう

●中高学年　1、2学期

必要な準備
【場所】運動場
【準備物】教師用のストップウォッチ1個、メジャー、コーン5個
【準備時間】1分

　2-1や2-2の指導で、走り方を教えた後は、本気で何度も走るという経験をさせることが大切になってくる。そのときに、お勧めの指導法が、8秒間走（原実践　山本貞美氏）である。

1. 8秒間走の場の設定

　8秒間走とは、山本貞美氏の実践である。
　次ページの図のように、スタートを子どもたちで決めさせて、8秒の間に、ゴール地点に到達することができれば、合格という指導法である。
　自分にあった距離でスタートして、その都度、記録に挑戦することができる。
　教師がスタート地点にいて、スタートの合図をして、8秒後に笛を吹くようにする。
　コースの横に、メジャーが置いてあるので、それを見て、自分が何メートルからのスタートかということを決めることができる。
　また、メジャーを見なくても、スタートの横、5mおきに、コーンが置いてあるので、それを見て、だいたいのスタート位置を決めることができる。

2．2人組で評定させる

　ある程度、8秒間走のやり方が分かった後は、2人組で、相互評定を入れるようにする。評定の基準は、3つ。

①笛が鳴るまでにゴールできていたか。
②フライングしていないか。
③腕の振りが目の高さまで上がっているか（2－**2**参照）。

　走らない人は、ゴール側で待っていて、走り終わった後、評定の内容を伝えるようにする。
　時間と距離という明確な評価と共に、走り方や、スタートについても、評定がされるようになる。子どもたちが意欲的に取り組む方法である。

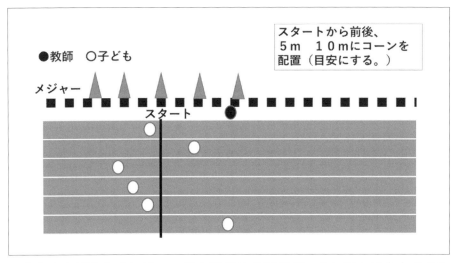

　走力を上げるためには、一定の技能は必要だが、それ以上に全力で走るという経験をどれだけたくさん繰り返すかが大切だ。8秒間走のように、自分の記録を目に見える形で分かりやすくすると共に、全力で挑戦している子どもを認め、褒めていくことが大切である。

> 2-**4** 準備3分
>
> # タイム測定
> ....
> 班を活用し、システムで行う
>
> ●中高学年　1、2学期

必要な準備
【場所】運動場
【準備物】バインダーと名簿：2班に1個、ストップウォッチ：2班に1個、旗：2班に1つ、ビブス：2人に1着
【準備時間】3分（50mの走路がすでにあれば、1分）

　タイム測定を子ども同士で行うと、うまくいかない原因が3つある。
①フライングをする子が多く、公平性に欠ける。
②教師がスタートかゴール、どちらかにいないといけないので、逆側で遊びだすことが増える。
③ストップウォッチの扱いが分からず、失敗する子が多く出る。
　上記の3つを解決する方法が以下である。

1．班で役割分担を与える

　班で測定をすると、短時間で、うまく測定することができる。1班が走っているとき、2班が測定する。というように、兄弟班で測定するようにしている。測定する側の班で大切なことは、役割を明確に与えるということである。4人班で行うなら、4人全員に以下のように役割を与える。
A：ストップウォッチ係（計測する人）
B：記録係（記録を名簿に記載する人）
C：タイムお知らせ係（記録を走った人に知らせる。）
D：旗揚げ係（ストップウォッチの準備ができたら、旗を揚げる。）

まずAが測定をする。Aは、測定結果をBとCに伝える。Bは名簿にタイムを記録する。Cは、走り終わった子に、タイムを伝える。走った子は、自分のタイムが気になる。だから、ストップウォッチを持っているAに聞きに行くのだが、これをすると、測定するのが遅くなる。タイムはCが伝えるようにする。そのうえで、Aがストップウォッチを０に戻し、準備ができたら、Dに伝える。Dは準備OKの旗を揚げる。Dの旗が確認できたら、教師は次のスタートを切るという流れだ。

２．短い距離でやり方を教える

　まずは、５ｍほどの短い距離で見本を示し、測定をさせる。走る子には、ビブスを着せておけば、どの子を計るのかということも明確になる。
①奇数班が先に走る。偶数班が後に走ることを伝える。
②奇数班に走る順番を決めさせて、ビブスを着せる。
③同時進行で、偶数班にABCDの役割を決めさせる。
④奇数班をスタートラインに並ばせる。
⑤Aの子を呼び、ゴールラインに立たせて、実際に１人計る。
⑥Bの子を呼び、ゴールラインに立たせて、記録するふりをさせる。
⑦Cの子を呼び、ゴールラインに立たせて、走った後、記録を伝えさせる。
⑧Dの子を呼び、ストップウォッチを０にしたら、旗を揚げさせる。
　５ｍで測定した後、50ｍを測定するようにする。

３．測定後、確認する

　教師でも測定を失敗することがある。子どもも当然ある。
　ただ、記録が間違っていたり、計れていなかったりするのはよくないので、奇数班が終わったら一度集めて、確認する必要がある。何か困ったことはないか？　ミスはなかったかと確認をする。
　そのときに、問題があるようであれば、一通り終わった後、計り直しをすればよい。失敗を経験し、やり直すということも大切な学習である。この方法は、ハードルのタイム測定でも活用できる。

2－5　準備1分

ハードル走の指導①

1台から準備し、無理なく指導しよう

●中高学年　2学期

必要な準備
【場所】運動場
【準備物】ハードル：3人〜4人に2台
【準備時間】1分（ハードルの数を確認しておく。）

　時折、子どもを待たせて、ものすごく時間をかけて、ハードルを置いている授業を見ることがある。ハードルはまず1台置き、1台だけを跳ぶ。そうすることで、極めて簡単な準備で、ハードルの授業を行うことができる。

1．まずは1台だけ準備する

　ハードル走の実践。向山洋一氏の実践がまさに、アクティブ・ラーニングの授業である。以下、『向山洋一全集　体育授業を知的に』より、概要を引用する。
①ハードルを3〜4人で、1台だけ準備する。
②振り上げ足をハードルに直角にまっすぐ伸ばすことを教える。
③スタートとゴールの線を引き、ハードルを2台にする。置く場所は、バラバラ。
④人数を5、6名に変更し、ハードルを3台与える。

　まず、ハードルを3〜4人に1台だけ準備をする。このことにより、子どもたちでも準備ができる。いきなり、複数のハードルを決められた場所

に配置すると、準備に時間がかかってしまうが、これなら大丈夫である。
　ハードルを取りに行く前に、ハードルの安全な運び方、ハードルの高さは、確認しておく必要がある。
　ハードルが準備できたら、1台を何度も何度も跳ばせる。
　まずは、1台を跳べるようにすることが大切である。1台であるから、ポイントが子どもたちにも入りやすい。向山氏のように、振り上げ足を指導してもよいし、できるだけ遠くから踏み切ることや、ハードルの高さぎりぎりを飛び越すということを教えてもよい。
　ある程度、跳んだら、次はハードルを2台にする。

2．ハードルの数を増やす

　次にハードルを2台にする。
　このときの最大のポイントは、

スタートとゴールだけを指定し、どこに置くかは、子どもたちに任せ、自由に動かしてもいいようにすることだ。

　こうすることにより、子どもたちは、ハードル間の距離について考え、踏切り足についても、考えるようになる。
　このように、自由度を持たせることで、子どもたちの思考を引き出すことができる。
　この後、向山氏はハードルの数を、3台にし、グループを、5、6人にしている。
　1回の運動量が増えることで、1グループの人数を増やしても、運動量が確保できるからだろうと推測する。
　空白の時間、準備の時間、全く0の実践である。
　流れるように進む。そのうえ、知的である。ハードルの授業の導入に限らず、このように準備を同時進行で行っていくと、準備に時間をかけずに指導が行える。
　子どもたちが、自分で、ハードル間の距離や、振り上げ足について、考えていく組み立てになっている。圧巻の指導だ。

2-6 準備3分

ハードル走の指導②
10秒間走で子どもの意欲を向上させよう

●中高学年　2学期

必要な準備
【場所】運動場
【準備物】メジャー、ハードル：コース数×2〜3台
【準備時間】3分

　ハードル走も記録を測定するからこそ、子どもたちは、真剣になって取り組む。簡単に記録が計れて、子どもの意欲も向上するのが、10秒間走の実践である。単元後半の3時間目、4時間目くらいに行うとよい。

1．コースごとにハードルを並べ、場を設定する

　前項で述べたように、まずは、3〜4人で1台のハードルを跳ばせる。その間に、メジャーを

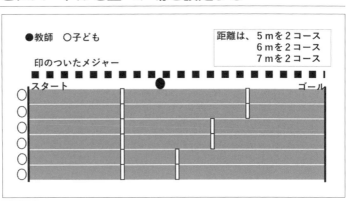

コースの横に置く。班ごとに呼び、ハードルを上図のように置かせていく。これを繰り返すと、5mコース　6mコース　7mコースが出来上がる。次回からは、前の時間と同じようにコースを作りなさい、と指示すれ

ばできる。どの班が、どのコースを作るかを固定しておけばよい。

2．3つのコースを経験し、自分の程よいコースを見つける

　5mコース、6mコース、7mコースの3つのコースを体験させて、そのうえで、自分の歩幅に最もあったコースを見つける。自由に跳ばせる中で、コースを選ぶようにする。

3．10秒間走を行う

　山本貞美氏の8秒間走（2－**3**参照）をハードル走に応用したものである。図のようにスター

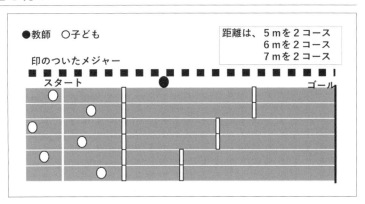

トは、自分で決めてよい。できるだけ長い距離を走れるように挑戦する。ペアで、ゴールできたかどうかを評定すると、より緊張感が増す。

4．ハードルを増やす。点数化する

　10秒間走を何度か行った後、単元の後半は、ハードルの数を増やしていく。項目3の状態だと、どのコースもハードルの数は2つだが、3つのコースも作るようにする。そのうえで、
・ハードルを跳んだ数×1点（倒すと0点）
・10秒以内にゴールできたら、3点
・5m距離を増やすごとに、1点
　というように、得点化して、ゲームや個人で競うようにする。ゲーム化することで、個人競技の中でも、グループでの話し合いが生まれ、主体的・対話的な授業になる。

2−7 準備1分

幅跳びの指導①
白線1本で子どものやる気が急上昇する

●中高学年　2学期

> 必要な準備
> 【場所】運動場（砂場）
> 【準備物】ラインマーカー：1個、メジャー：1個
> 【準備時間】1分
>
> 　幅跳び測定は大変である。しかし、正確ではないものの、超簡単に測定する方法がある。ラインマーカーとメジャーがあれば、準備は1分で完了である。1時間目は、これで十分である。

　幅跳びで、子どもたちが最も喜ぶ瞬間とは、記録が伸びたときである。
　しかし、幅跳びの記録測定は、なかなか大変だ。
　準備物が多い。
　そして、記録の仕方も結構、難しい。
　測定することに、延々と時間をかけてしまうと、待っている子が遊び出すという授業を何度も目にしてきた。
　しかし、思いのほかシンプルな方法で、子どもたちを満足させる方法がある。白線を引くという方法である。

1．基本を押さえる

　まずは、測定の前に、走り幅跳びの基本を押さえる必要がある。
　走り幅跳びの基本とは、**片足踏切両足着地**である。これだけでも、意外と難しい。最初は、助走なしから始め、1歩、3歩、5歩と助走の歩数を延ばしていく。ある程度慣れたら、個別評定をする。評定の基準は、**片足**

で踏み切り、両足で着地しているか、である。砂場の大きさにもよるが、だいたい4つの班に分けて、次々と跳ばせるようにする。靴の中に砂が入るので、砂を靴から出す場所なども指示しておくと、混乱が少ない。素早く戻って跳んでいる子を褒めることにより、だらだらした雰囲気にしないことも大切である。

2．白線を引く

　上記のように、片足踏切両足着地ができるようになった時点で、大まかな記録を測れるようにする。

　図のように、横にメジャーを置き、1mごとに白線を引く、という方法である。これだけでも基準ができるので、子どもたちは目的意識を持ち、取り組めるようになる。

　何回か跳んでいると、白線が消えてくるので、引くようにする。

　だいたい、2mライン、3mラインが消えてくるので、そこだけを数回に一度、引くようにする。シンプルだが、子どもの意欲を向上させる方法である。

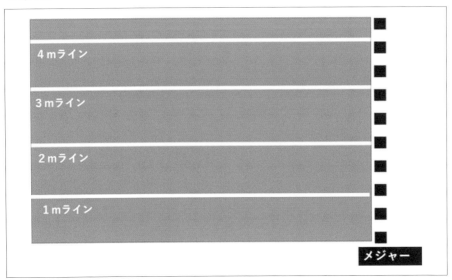

2-8 準備なし

幅跳びの指導②
この一点の指導で記録が劇的に向上する

●中高学年　2学期

必要な準備
【場所】運動場（砂場）
【準備物】なし
【準備時間】0分

　測定するだけでは技能は向上しない。やはり、ポイントをしっかりと指導しなければいけない。簡単に走り幅跳びのポイントを評価する方法がある。

　走り幅跳びの指導で、この一点さえ押さえれば、劇的に記録が向上するというポイントがある。それは、**前ではなく高く跳ぶ**ということである。
　そのために、空中で以下のような課題を与える。

レベル1　顔の前（頭の上）で手をたたいて着地
レベル2　お尻の下で手をたたいて着地
レベル3　顔の前（頭の上）で手をたたき、その後、お尻の下で手をたたいて着地

　こうすることで、意識が前ではなく、上方に向き、高く跳ぶことができるようになる。

1．レベル1　顔の前で手をたたく

　写真のように、手を顔の前でたたこうとすることにより、踏切りの際に、無意識に体が反り、背筋が伸びる。そうなると、まっすぐの力を上向きに変えること

ができる。

　跳んでいる途中で、顔の前で手をたたきなさい。たたけていれば、合格である。明確な基準があるので、子どもたちは、しっかりと取り組む。顔の前ができれば、頭の上でも挑戦するとよい。より上方向へ意識が向く。

2．レベル2　お尻の下で手をたたく

　次に空中で、お尻の下で手をたたくことを教える。写真のように、お尻の下で手をたたこうと思うと、必然的に、膝が、お腹につき、足が伸びるようになる。これができるようになると、飛躍的に記録が伸びるようになる。

　運動が苦手な子は、これでも、かなり難しい。その場合は、レベル1を2回するなど、できるレベルで、少しだけ負荷のかかるものに挑戦するようにする。

3．レベル3　組み合わせる

　レベル1と2を組み合わせる。そのためには、前よりも、上方向への意識が必要となる。幅跳びは、どうしても前へ前へ

の意識が高くなってしまう。しかし、上方向に跳ばないと記録は伸びない。直接、そのことを指示するのではなく、手をたたくということを通して、体感させていくことが大切だ。

　　（参考資料：TOSSランド根本正雄氏HPより　原実践は菊池明博氏）

2-❾ 準備3分

幅跳びの指導③

毎時間、計画的に測定の技能を育てる

●中高学年　2学期

必要な準備
【場所】運動場（砂場）
【準備物】とんぼ：2班に1個、メジャー：2班に1個、
　　　　　記録用紙：2班に1個
【準備時間】毎時間3分

　前項まで、本格的な記録を測定しない方法を掲載してきた。しかし、最終的にはしっかりとした記録の測定が必要である。しかし、幅跳びの測定は、往々にして混乱を伴う。単元を通して、計画的に測定の技能を養えば、混乱を回避することができる。

1．混乱する原因

　体育の測定の中で、おそらく最も混乱するのが、走り幅跳びである。ざっと考えても、以下のような間違いやトラブルになる要素がある。

①どこからどこまでを、測ればよいか、分からない。
②記録の数値が分からない（mとcm）。
③メジャーの読み方が分からない。
④トンボ（右写真）の扱い方が分からない。

⑤上記の仕事のうち、誰が何をするかで混乱もしくは、けんかする。
⑥いつ、跳んでもらえばよいのか分からない。
⑦跳んでいい、という合図をうまく出せない。
⑧どこで測定してよいか分からない。

2．対応策　一時に一事で細分化する

　結局のところ、こちらが当たり前と思っていることでも、分かっていないということが混乱の原因である。では、どうすればよいのか？
　単元を通して、**一時に一事で測定の方法を指導すればよい**。走り幅跳びの技術指導とは別に測定の方法も、1時間に1つずつ指導していく。5時間で以下のように単元を構成すると抵抗なく測定できる。

1時　白線を引き、とにかくたくさん跳ぶ（2－**7**）。
2時　片足踏切両足着地を教え、トンボのならし方だけを教え、やらせる。
3時　空中での姿勢（2－**8**）を教え、メジャーの測り方のみを教え、やらせる。
　　　（この時点で記録はさせない。）
4時　踏切りのリズム（タタン）を教え、記録させる。
5時　測定する側の役割※を教師が決め、測定をさせる。
　　　（※役割は、記録係、とんぼ係、メジャー係が2人の計4人）

　技術指導とは別に、測定も一時に一事になっていることが分かるかと思う。こうすることで、測定での混乱を小さくすることができる。
　細分化した指導の後、大切なのは、測定をやらせる際は、跳んでいる方より、**測定している方を教師は見て、評価する**ということである。
　そうすることで、正しい扱い方をしっかりと評価でき、4時間目、5時間目には、子どもたちだけで、次々と測定ができるようになる。この考え方は測定全てに応用がきく。
　なお、走り幅跳びの測定の方法は、学校や学年によって違いがある。どのように測定するのか、単元が始まる前に確認をしておくのが大切である。

2 - 10　準備10分

高跳びの指導①

ゴム紐とマットで、たくさんの場を作ろう

●中高学年　2学期

必要な準備
【場所】体育館
【準備物】マット：班に2枚、ゴム紐：班に1本、コーン：班に2個、
　　　　園芸用の支柱：班に2本
【準備時間】単元最初に10分

　高跳びは、通常、セーフティーマット、測定バー、スタンドが必要である。多くの学校には、1セットか2セットしかないのではないだろうか。結果、運動量がものすごく少ない、空白の時間の多い授業になってしまう。少し手間がかかるが、ちょっとした準備で、多くの場作りができる高跳びの指導法を紹介する。

1．場作り　代用品

　学校に1セットか2セットしかないものを、どこにでもある簡単に手に入るもので代用する。以下が代用品のリストである。

①セーフティーマット　→　マット2枚
②測定バー　　　　　　→　ゴム紐
③スタンド　　　　　　→　コーンと園芸用の支柱

　ゴム紐は100均で、園芸用の支柱はホームセンターなどで、購入することができる。これで、多くの場を作ることが可能になる。コーンは、先端に穴が空いているものが学校にあれば、それに、右ページの図のように、支柱を突き刺すことで、スタンドの代わりになる。ない場合は、待ってい

る子に支柱を持たせるようにする。

2．場作り

上記の代用品を使い、以下のように場作りを行う。

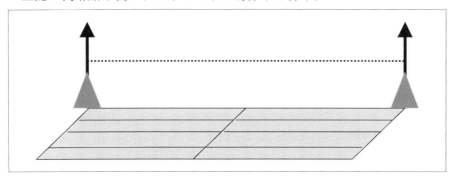

基本的に、これで場を作ることができる。

もし、時間があれば、支柱にマジックで、10cm ごとに印をつけると、簡易の場だが、大まかな測定もできるようになる。

最初の時間に子どもたちにマジックとメジャーを渡して、書かせてもよいだろう。

ちなみに、私の経験上、セーフティーマットで高跳びをしたほうが、怪我が多くなる。

下にセーフティーマットがあることにより、逆に、子どもたちは危険な着地の仕方をするようになる。

しっかりと着地をすれば、またぎ跳びであれば、マット2枚を上図のように横に並べて敷くだけで十分である。

ただ、バーを使った走り高跳びは、経験として跳ばせておくのも大切ではある。場のうちの1つは、バーを使ったものにするのも1つの方法である。

ゴム紐に触れたかどうかが明確に分かるようにするために、ゴム紐に鈴をつけるのも、1つの方法である。

2−11 準備なし

高跳びの指導②
踏切りから細分化して指導する

●中高学年　2学期

必要な準備
【場所】体育館
【準備物】マット：班に2枚、ゴム紐：班に1本、コーン：班に2個、
　　　　　園芸用の支柱：班に2本
【準備時間】0分

　2−10で取り上げた場作りができれば、毎時間の準備は、子どもたちで、全てできるようになる。あとは、以下のように局面を限定して、進めていく。

　走り高跳びの指導を段階的に考えると、以下のようになる。
①助走
②踏切り
③空中局面
④着地
　このうち、最も難しいのが、踏切りである。まずは、踏切りを指導することで、無理なく、またぎ跳びができるようになる。

1．踏切りの指導①

　まずは、ゴム紐を「またぐ」だけの指導を行う。
　何度かまたぐうちに、またぎやすい足が分かってくる。それが、振り上げ足である。子どもたちに、「振り上げ足」という言葉を教えて、自分は、右左、どちらが振り上げ足なのかを確認する（分からないという子も

いるが、どちらか現段階で決めておけばよい)。

次に、写真のように振り上げ足を、ゴム紐の横につけて、またぐようにする。

この際、大切なポイントが、足の裏が横から、しっかり見えるようにまたぐ、ということである。この部分をしっかり意識すると、膝の伸びた踏切りができるようになる。

次に、振り上げ足の反対の足、踏切り足について、指導する。子どもたちに、「踏切り足」という言葉を教え、自分はどちらの足か、確認する。

その上で、踏切り足を地面に、バン！　といわせてから、またぐようにする。何度

かまたがせた後で、今度は、少しだけ跳んでごらんと言い、跳ばせるようにする。

こうすることで、「またぐ」から「跳ぶ」への連結がスムーズに行える。

2．踏切りの指導②

踏切りの指導①では、振り上げ足、踏切り足を明確にし、基本的な事項を中心に指導する。

踏切りの指導②では、より高く跳ぶための踏切りの仕方を指導する。

より高く跳ぶために、大切なことは、

①おへそを斜め上に向ける。

②腕の反動を利用する。

の2点である。

　写真のように、踏み切る際にかかとから踏み切り、おへそを上に向けることで、勢いが前方向から、上方向に変換できる。

　この指導をしっかりとしておかなければ、ハードルと同じような跳び方になってしまい、高くは跳べなくなってしまう。

　また、跳ぶ際に、腕を振り上げる反動を利用すれば、より高く跳ぶことができることを教えておく。

3．呼吸を取り入れる

　子どもたちは、ある程度、跳び方が分かると、どんどん助走を長くし、勢いよく跳ぼうとしてしまう。

　しかし、踏切りの指導、特に②の踏切り体験を何度もしておかなければ、勢いに任せた跳び方で、結局高く跳ぶことができなくなってしまう。そこで、有効なのが、呼吸の指導である。跳ぶ前に深呼吸をすることで、一定の落ち着いた状態からスタートを切れる。写真のように、気を付けをして、息をはききってから跳ぶようにすることで、踏切りをしっかりと意識することができる。無駄な力も入ることがない。

　このようにして、1歩助走をたくさん経験させた後、助走を3歩、5歩と延ばしていくことで、無理なく、またぎ跳びができるようになっていく。

☆コラム体育微細技術2　組み合わせて指導する

　陸上領域の走り幅跳びや、走り高跳びは、それだけで45分を使うのはなかなか難しく、子どもの意欲も持続しにくい。

　何かと組み合わせて指導するのがお勧めである。

　高跳び、幅跳びを30分指導し、前半15分は別のものを指導するようにする。

　これまで、以下のような組み合わせで取り組んできた。

【運動場】
　①鉄棒＋幅跳び
　②持続走＋幅跳び
　③短縄跳び＋幅跳び
　④長縄跳び＋幅跳び

【体育館】
　①短縄跳び＋高跳び
　②長縄跳び＋高跳び

　前半15分は、準備が簡単にできるものを行い、残り30分で、高跳び、幅跳びの指導をするようにしている。

　本書の最後に、指導計画が掲載してあるが、例えば、鉄棒5ｈ、幅跳び5ｈをとっているのであれば、このような構成をすることで合わせて、10ｈ指導することが可能になる。

　陸上や器械運動は、一度にたくさん経験をするより、短時間を繰り返し、長い期間経験した方が技能の向上が見込めるように思う。

　それぞれにかける時間も、子どもたちの様子や、その時間に行う内容によって、柔軟に変えていけばよい。

　子どもたちの習熟度合いなどを見て、鉄棒を多めにしたり、幅跳びを多めにしたりするなどの工夫をしている。体育の指導計画の組み方のちょっとした、しかし、重要な微細技術である。

3-1 準備2分

前転

変化のある繰り返しで指導しよう

●全学年　1学期

必要な準備
【場所】体育館
【準備物】マット：2人に1枚、踏切り板：4人に1台
【準備時間】2分（マットと踏切り板を倉庫から出しておく。）

　前転の指導は、ゆりかご➡前転➡シンクロ（発展）というように指導する。ポイントは変化のある繰り返しで飽きさせないことだ。

　前転は、器械運動の中で最も基本となる動きである。必要なポイントを無理なく、子どもたちに習得させるために、次々と変化を加えて指導していくとよい。

1．ゆりかごから指導する

　前回りと前転の大きな違いが、立ち上がりがあるかどうかである。連続技に移行するためには、立ち上がりが必要なのだ。そこで、大切なポイントが、**ゆりかごからの立ち上がり**ということになる。以下のように、次々と変化をつけて、進める。
①お尻をつけたまま、小さなゆりかご
②足を伸ばした状態からゆりかご
③足を伸ばした状態から、ゆりかごをして、手をついて立つ。

④足を伸ばした状態から、ゆりかごをして、立つ。
⑤足を伸ばした状態から、ゆりかごをし、開脚して手をついて立つ。
⑥足を伸ばした状態から、ゆりかごをして、片足で立つ。

　①～⑥までを最初の時間に示し、ゆりかごをするときに、より難しい技にチャレンジするというような仕組みをつくっておくとよい。

2．前転も変化のある繰り返しで

　ゆりかごの指導の後に、前転の指導を行う。
　同じように、次々と変化のある繰り返しで進めていく。

①マットの上から、前転をする。
②赤白帽をあごにはさんで、前転をする（頭頂部がつかない）。
③前転後、立って、手を前に出す。
④マットの下から、前転をする。
⑤マットから離れて、前転をする。
⑥マットから離れて、前転をし、開脚で立ち上がる。

　このように変化をつけていくことで、徐々に大きな前転へと移行していく。基本的には、終わった後に、スムーズに立つことができることを評価していくとよい。
　ここまでは、マット1枚で進める。この後は、場作りに変化を加えて、指導していく。

3．場に変化を加える

　ここまでスモールステップで指導しても、なかなか、立ち上がりが難しい子は存在する。そこで、場に変化を加えて、やりやすくする。次ページの図のように、マットを2枚敷き、1枚目に踏切り板を置き、傾斜をつけ

る。これで、随分と立ち上がりやすくなる。

この場を作ったうえで、以下の中から、できるものをどんどん練習させるようにする。

①前転で手をついて、立ち上がる。
②前転で、手を前に出して、手をつかずに、立ち上がる。
③開脚前転で手をつき、立ち上がる。
④開脚前転で、手を足の外側につき、立ち上がる（伸脚前転の前段階）。
⑤足を前にまっすぐ伸ばして、手をつき立ち上がる（伸脚前転）。

4．シンクロする

　場作りを変えて、自分に合うところで行い、それを一人一人評価することで、だいたい1時間終了するが、時には、前転でシンクロをさせるときもある。次ページ写真のように、手をつないで、前転をして、きれいに立ち上がれば、OKとする。

　シンクロすることにより、苦手な子が手を引っ張ってもらい、立つ感覚が分かる。クラスの状況に応じて、取り入れてもいいような指導である。

　2人ができたら、3人にもチャレンジしてみると面白い。

　次ページを見ると分かると思うが、3人でやると真ん中の子は手をつかずに立たなければいけないので難しい。

　そのうえで、そろって立てたかどうかを10点満点で評定することで、楽しい授業になる。

　厳しめに評定することで、何度も何度も子どもたちは、挑戦するようになる。

　高得点を取ったチームを全員の前で再度シンクロ前転をさせて、「なぜ、ぴったりと立つことができたか？」と問い、言語化させる。

　そのコツをもとにして、他のグループも取り組ませるようにする。体育でも、主体的・対話的で深い学びのある授業が実現するようになる。

2人組でのシンクロ前転

3人組でのシンクロ前転

3-2 準備2分

後転

踏切り板を使って達成率を激増させよう

●全学年　1、2学期

必要な準備
【場所】体育館
【準備物】マット：2人に1枚、踏切り板：4人に1台、
　　　　　赤玉：4人に1個
【準備時間】2分（マットと踏切り板を出しておく。）

　後転の指導も、ゆりかごの指導と場作りがポイントとなる。できない子ができたときの感動は、前転以上に大きいので、個人差を吸収する手立てを打つことが大切である。

　後転も、まずは、ゆりかごをしっかりと行うことが大切なポイントになってくる。ただし、前転は立ち上がりにポイントが置かれるのに対し、後転は、手のつき方にポイントを置くことが大切である。

1．ゆりかごから指導する

　前転同様、変化のある繰り返しで指導する。
①三角座りの、ゆりかご
　（三角座りで始まり、三角座りに戻るを繰り返す。）
②お尻の上がる、ゆりかご
　（後方に転がったときに、お尻がマットから離れる。）
③両手をついた、ゆりかご
　（右ページ写真のように、後頭部の後ろに三角形を作り、そのまま、手のひらがマットにつくように、ゆりかごをする。）

④足つき、ゆりかご
 （後方に転がった際に、反対側につま先がつくように、足を伸ばす。）
⑤膝立ちの状態から、ゆりかご
 （お尻を浮かした膝立ちの状態から、ゆりかごをし、膝立ちの状態に戻る。）

　最も確認が必要なのが、③である。
　後ろに倒れたときに、手がついていない児童が多い。
　③は、個別評定、相互評定などで、確実に手がついているかを確認する必要がある。
　④の時点で、勢いがある子は、もう回れてしまう。回れる子は、回っていいことを伝えておくとよい。
　⑤は、前転の指導がしっかりと入っていれば立ち上がれるが、子どもによっては、難しい。スムーズに膝立ちにならない場合は、一回一回手をついて、立ち上がってもいいと伝えておく。後転を目的にした場合、大切なのは、立ち上がりではなく、膝立ちの状態から、ある程度、加速の付いたゆりかごである。
　①〜⑤のようなゆりかごを、２人組や、４人組で、準備運動でしっかりと行うようにする。

２．場作りで、できるようにする①

　ゆりかごを十分に行い、正しい手のつき方を確認すれば、後転ができる子は、飛躍的に増える。
　しかし、それでも、まだできない子は存在する。最も大きな原因は

回転加速が得られていない

ことである。
　回転加速を得られようにするために、効果的な方法が場作りの工夫である。次ページ上図のようにマットの下に、ロイター板もしくは、踏切り板

を入れる。

　坂道ができるので、単純に回転加速がつき、回れるようになる。

　恐怖心もあるが、できるだけ、マットの上からさせるようにする。

　マットの下からでは、回転速度が減少してしまうからだ。ただし、どうしても怖い子は、マットの下からさせて、慣れてきてから上からさせるとよい。さらに、回転速度を上げるために、

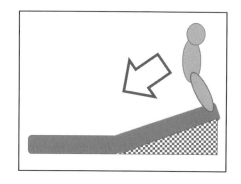

あごを引いて、回りなさい。

と指示する。あごを引くことで、頭が邪魔にならず、回転速度を上げることができる。

3．場作りで、できるようにする②

　坂道の場作りと同時並行で、坂のない場作りもする。こうすることで、できる子の場も保証する。右図のようにマットの先端から少し離れた場所に目印を置く。

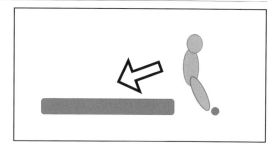

　目印は、赤玉やケンステップなど、何でもよい。

　マットの端から10cm〜20cmほど、離れた場所に置く。

　マットが離れているので、お尻をマットにつけようと思うと、必然的に勢いをつけて、回らないといけなくなる。

　回転速度が速くなり、できる可能性が高くなる。

4．短時間を帯でとり、達成させる

　前転同様、最後に個別評定をする。
　ただ、個別評定といっても、先生の前で1回やるという程度のもので、絶対にできなければ、合格にしないというものではない。
　坂道マットの場で、できれば、それでよしとする。
　坂道マットでもできなければ、教師が押して回らせてあげればよい。
　大切なのは、転がった経験をしっかりするということだ。
　前転も後転も、1時間で完結させる指導ではなく、10分～15分の指導を、3時間～4時間行うくらいのつもりでいれば、焦らず、無理なくできるようにすることができる。単元展開については、3－**5**に詳しく記載している。

☆コラム体育微細技術3　柔軟は合間に数回入れると効果的

　後転をやりすぎると、首を痛める児童が出てくる。また、器械運動全般で、手首を痛める児童も多い。
　ストレッチや柔軟をしておくことが大切だが、最初に時間をかけてやるというより、**途中に何度かに分けて、時間をとるほうが、私は効果的だと感じている**。途中で運動をストップさせて行う。
　柔軟やストレッチは、息をしっかり吐きながら行うことで効果があるということをしっかりと伝える。そのうえで、「息をしっかり吐くと、しゃべり声はしないはずです」と最初に言っておく。そうすることで、落ち着いた雰囲気の中で柔軟を行うことができる。
　落ち着いた雰囲気をつくることで、気持ちを落ち着けるという効果もある。
　手首の柔軟、足首の柔軟、首の柔軟などを合間に行うようにするとよい。
　子どもたちが少し、ふわふわしているなと思ったときに、いきなり注意をするのではなく、柔軟をさせてから、一言くぎを刺すようにすると、落ち着いた状態で、注意を入れることができる。

3-3 準備2分

側方倒立回転（側転）①
跳び箱1つで、苦手なあの子もできるように

●中高学年　1学期

必要な準備
【場所】体育館
【準備物】マット：班に1枚、跳び箱：班に1台
【準備時間】2分（マットと跳び箱を出しておく。）

　側方倒立回転（以下、側転）も、後転と同様、場作りで、できない子をできるようにさせることができる。跳び箱1段の準備、少し面倒だが、これで、多くの子が抵抗なくできるようになる。徳島県の浜井俊洋氏の実践である。

　側方倒立回転のつまずきは、大きく分けて、以下の3つである。
①手のつき方が分からない。
②腰が上がらない。
③着地の時、立ち上がれない。

　跳び箱1段をマットの上に置くことで、①～③のどれも、解決することができる。まずは、①に絞り記載する。

1．手のつき方が分からない

　まずは、跳び箱1段で川跳びをする。
　右ページ上写真の状態である。「トーントン」のリズムで行う。
　実際に、トーントンと言わせながら行うようにする。

　次に、片方の足を前に出して行う。掛け声は、「トトーントントン」手、手、足、足の順につくように伝える（下写真）。この時点で、どっちの手からついたらいいのか。どっち向きについたらいいのか、分からなくなる児童がたくさんいる。そこで、

①出した足と同じ側の手を、最初につく
②手は、出した足の外側に向けて、構える（右写真）

ことを教える。手をつく向き、手をつく順番を教えることで、混乱がなくなる。

右足が前に出ているので、最初に右手をつく。

出した右足の外側に両手を向けて構える。上半身が写真のようにねじれる。

3-3　側方倒立回転（側転）①　63

3-4　準備5分

側方倒立回転（側転）②
ゴム紐1本で、子どものやる気に火をつけよう

●中高学年　1、2学期

必要な準備
【場所】体育館
【準備物】マット：班に1枚、ゴム紐：班に1本
【準備時間】5分（ゴム紐を購入（百均などで）し、ほどよい長さに切っておく。）

3-3に続き、側転で、腰が上がらない、立ち上がれないことを改善するための指導法である。ゴム紐があるだけで、子どもたちの意欲はかなり向上する。評価が明確だからである。

1．ゴム紐で腰を上げる

側方倒立回転で、腰が上がった、きれいな側転になるのには、ある程度、基礎感覚、基礎技能が必要である。壁倒立や、かえるの足打ちなどで、継続的に力をつけていくことが大切だ。しかし、場作りで、腰が上がった動きを引き出すことができる。

写真のように、ゴム紐を持ち、腰

が上がり、足が高く上がれば、ゴム紐に足がかかるという場作りを行う。こうすることで、腰の高さを意識した側転ができる。

2．倒立から、立ち上がりを練習する

側方倒立回転で立ち上がるためには、倒立の状態から立ち上がることができなければいけない。その終末局面のみに絞り、練習を行う。写真のように、壁倒立の状態から、片足ずつ、足を下ろし立ち上がる練習をする

と、側方倒立回転でも立ち上がれるようになる。

また、補助倒立でも同じように、立ち上がりの練習をすることができる。子どもたち同士でさせるのは、少し難しいが、補助倒立のほうが、実際の側方倒立回転に近い形になり、動きが分かりやすい。

3-5 準備3分

継続指導

多くの技を継続して指導するための場作り

●中高学年　2学期

必要な準備
【場所】体育館
【準備物】1班につき：マット2枚、跳び箱、踏切り板
【準備時間】3分（上記の物を倉庫から出しておく。）

　これまで紹介してきたが、後転や側転の指導は意外と難しい。1時間で指導を終えるのではなく、単元を通して、少しずつできるようにしていくことが大切だ。そのためにも、複数の技を継続して指導することが大切だ。

1．指導の流れ①

　まずは、2人組でマットを1枚用意し、前転や、ゆりかごを行う。

　次に、4人組になり、マットを2枚縦に重ねる。そして、図Aと図Bのような場作りを行う。

　Aは踏切り板、Bは跳び箱を準備する。

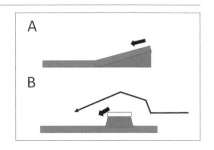

　8班構成の場合、Aが4つ、Bが4つできる計算になる。

　Aでは、前述したように後転指導を行い、Bでは、跳び前転もしくは、台の上からの前転、もしくは、ジャンプして跳び越えた後の前転を行う。

　それぞれの場で、何を行うかを説明した後、サーキットのように、様々

な場を次々と回らせるようにする。

これで、多くの子が一気に後転ができるようになる。

また、跳び前転という高度な技にも挑戦できるので、技能の高い児童も、喜んで取り組むことができた。

2．指導の流れ②

次の時間からは、さらに、様々な技を同じ場を使い、取り組むようにした。指導の流れ①で紹介した坂道の場作りでは、後転だけでなく、開脚前転。伸脚前転などにも取り組む。坂道があり、回転加速が生じるので、その分、足を開いたり、足を伸ばしたりして、立ちやすいのである。

5、6分、指導の流れ①を体感させた後、次に、新しい場作りをする。

Aの場は、踏切り板を片づけて、マットとマットに間をあけて、図Cのような場作りを行う。

次に、Bの場では、マットを2つに分けて、片方は、跳び箱。もう片方は、何もない状態を作る。図Dのような場作りである。

Dは、3－**3**に示したように川跳びを行う。隣のマットでは、跳び箱なしで川跳びを行う。これを繰り返すうちに、少しずつ側方倒立回転に近い、腰の上がった川跳びができるようになってくる。

Cの場では、何をするか？

ここでは、マットの上ではなく、マットとマットの間で側方倒立回転をする。側方倒立回転をする前と後で、マットに手や足が触れずに側方倒立回転ができれば、OKという場である。

ちょっとした場作りの変更で、様々な技が指導できるのだ。

3-6 準備3分

開脚跳び①

みんなできた！ 向山型跳び箱指導法A式

●全学年　2学期

必要な準備
【場所】体育館
【準備物】1班につき：跳び箱、踏切り板、マット、円盤3つ
【準備時間】3分（上記の物を体育倉庫から出しておく。）

　開脚跳びの指導で、効果的な指導の1つが、向山型跳び箱指導法である。終末局面に限定して指導するA式と、補助を必要とするB式に分かれる。A式は、**「腕を支点とした体重移動を体感させる」**指導法である。

　向山型跳び箱指導法は、できない子への指導である。したがって、できる子に活動をさせて、その間に行う個別指導ということになる。以下のように、全体を動かしつつ、個別指導をする。

1．全体を動かす

　最初は、班で1台の跳び箱を用意して、班で跳ばせるようにする。

　段数は、学年と同じ段数かプラス1段くらいでよい。高さにこだわらせないのが大切だ。何度か跳ぶうちに跳べない子が分

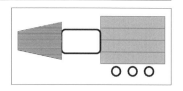

かってくる。その子だけを集めて、向山型跳び箱指導をする。ただ、跳べる子も放っておくわけにはいかない。

　そこで、図のように着地側のマットに、円盤などで基準を設けて、「で

きるだけ、遠くに着地すること」そして、「着地後、３秒静止すること」を伝える。これだけで、できる子も一生懸命取り組める。教師の手を離れて、活動できる状態を作っておき、できない子を向山型跳び箱指導で指導する。

２．A式の概要

向山型跳び箱指導法A式は、写真のように、跳び箱にまたがって、体重を支えて飛び降りる。たった、これだけのことだが、そこには、実に多くのポイントがある。

写真1　写真2　写真3

３．A式をさらに細分化する

まず跳び箱にまたがらせる。

写真１の状態である。この際、座る場所は、真ん中よりやや前に座らせる。手は、パーでそろえる。跳び箱の真ん中より前に置くようにする。そのうえで、以下のように進めていく。

指示１．両手をついて、飛び降りてごらん。
指示２　お尻を浮かせて、飛び降りてごらん。
趣意説明１．跳び箱を跳ぶっていうのは、今みたいに両腕で体重を支えることなんだよ。
指示３．ゆっくりと飛び降りてごらん。じわあああっと。
趣意説明２．体重の掛かり方が、お尻から両腕に掛かるのが分かるでしょう。
指示４．手の位置は、一緒。お尻だけ、少し遠くしてごらん。
指示５．真ん中くらいから、飛び降りてごらん（このときも、手の位置は一緒。お尻だけ少し遠くする）。

このように、単純な動きのようだが、子どもたちに効果的に「腕を支点とした体重移動」を体感させるためには、たくさんのステップが存在している。以上が向山型跳び箱指導法のA式である。

3-7 準備3分

開脚跳び②
高学年女子にもできる接触のないB式指導法

●全学年　2学期

必要な準備
【場所】体育館
【準備物】1班につき：跳び箱、踏切り板、マット、円盤3つ
【準備時間】3分（上記の物を体育倉庫から出しておく。）

　開脚跳びの指導で、効果的な指導の1つが向山型跳び箱指導法である。終末局面に限定して指導するA式と、補助を必要とするB式に分かれる。3-6に続き、B式を取り上げる。

　A式が1人で行うのに対して、B式は補助を伴う。したがって、高学年が相手の場合、異性の補助をしにくいという問題がある。B式の概要を示しつつ、補助の必要のない方法についても、紹介する。

1．B式の概要

　A式で腕を支点とした体重移動が、ある程度できるようになった後、B式に移行する。B式は、写真のように、**子どもの二の腕と太ももあたりをつかんで、平行移動させる指導法**である。何度か繰り返すと、徐々に太ももにかかる体重が少なくなってくる。
　大丈夫かなと思っても、2回くらい余分に補助する。そして、支えるふりをして、突然補助するのをやめ、子

どもが自力で跳べるという指導法である。

２．Ｂ式の重要なポイント

意外と重要で見落とされがちなのが、**教師の立つ位置**である。子どもが足を広げて、跳ぶのだから、写真のように、足が当たらないように、跳び箱から離れて、跳び箱と平行に立つ必要がある。

次に大切なのは、**持ち上げないということ**である。太ももの部分を支えようとして、持ち上げる動きをすると、子どもは着地できずに、こけてしまう。私も何度か失敗したことがある。こうなると、恐怖感が先に立ち、より委縮した動きになってしまい時間がかかる。写真、矢印のように、**地面と平行に優しく移動させる（運んであげる）という感覚**で行うことが大切である。

３．補助のいらないＣ式

高学年女子が相手で関係性により、どうしても補助ができない場合、図１のように、跳ばせたい跳び箱の横に一段の跳び箱２台を設置し、一段の上に足

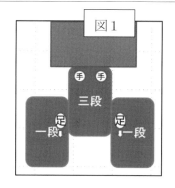
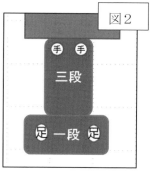

を置いて跳ばせる。これで跳べれば、足の位置をどんどん後ろに下げていく。次に、跳び箱を図２のように配置し跳ばせる。この状態で跳べると、かなりの確率で跳べるようになっている。

3-8 準備3分

ゲーム化した開脚跳び

「主体的・対話的で深い学び」をゲーム化で実現する

●中高学年　2学期

必要な準備
【場所】体育館
【準備物】1班につき：マット2枚、跳び箱1台（4段〜5段程度）、
　　　　　踏切り板、得点板
【準備時間】3分（上記の物を倉庫から出しておく。）

　器械運動もゲーム化することにより、チームでの作戦が必要になり、話し合いの必然性が生まれる。つまり、主体的・対話的で深い学びを実現することができる。

1．場作り

右図のような場作りを行う。
①着地するところのマットを横向きにする。
②得点板を用意する。

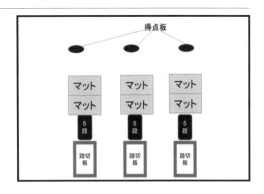

　これだけである。もちろん、子どもの人数に応じて、場はたくさんあるほどよい。1グループに1つ場があればよい。

2．ルール

　着地に絞り、点数化する。以下のようなルールである。

①1枚目のマットに着地したら、1点。
②2枚目のマットに着地したら、2点。
③3秒間静止できたら、ボーナスで3点。
　着地の後3秒間を全員で数える。
　その間、動くことなく静止できていたら、ボーナス点3点が加算される。
　跳んだ後に、得点板に自分で点数を入れるようにする。

3．授業の実際

①リズム太鼓を使った準備運動
　歩く、走る、ケンパー、スキップ、
　後ろスキップなど。
②壁を使った準備運動（右写真）
　手で壁を押し返す。ジャンプして、
　壁を押し返して、もとの場所に戻る。
③2人で1枚マットを並べる。
　かえるの足打ち、手押し車リレー等
④場の設定
　※場作り参照。

大人相手の模擬授業の様子

⑤「開脚跳びをします。着地でピタッと止まります。3秒止まれたら合格です。」
⑥「どうすれば、ピタッと止まれるか話し合ってごらん。」
⑦上記のルールでゲームを行う。練習させてから、本番。本番は、教師が見ている前で行い、止まったかどうかの評定は教師がする。

　グループ対抗戦なので、チームで話し合いを持つ必要性が出てくる。
　より高い点数を取るために、同じチームの仲間の跳び方を観察し、どのように着地すればよいのかのアドバイスも、できるようになってくる。
　ゲーム化を通して、器械運動でも、主体的・対話的で深い学びを実現することができるのだ。

3 - 9　準備7分

台上前転

セーフティーマットで苦手な子にも優しい場を作ろう

●中高学年　2学期

必要な準備
【場所】体育館
【準備物】1班につき：跳び箱1台、踏切り板1台、マット1枚、
　　　　　セーフティーマット1個
【準備時間】7分（上記の物を体育倉庫から出しておく。）

　セーフティーマットは、できない子を救う大変有効な教具である。どの学校にも1個はあるだろう。有効に活用したい。

　台上前転は、できない子にとっては、本当に怖く、挑戦することすら難しい題材である。苦手な子が、喜んで取り組む場をセーフティーマットを用いて、作ることができる。

1．全体の場作り

　まずは、3-1で取り上げた頭頂部のつかない前転ができているかどうかを確認する。この前転ができていないと、まっすぐに回ることができないため、台上前転は危険である。

　準備運動で、ゆりかごや前転を行った後、習熟度別に分かれた練習を行う。

　一定、まっすぐに回れて、怖さもない児童には、4段程度の跳び箱で台上前転をさせる。

　万が一、落ちたときにも大丈夫なように、次ページ図のように、跳び箱の先だけではなく、両横にもマットを敷いておく。

全体の場作りは、右図のようになる。一番右のセーフティーマットの場作りが、できない子をできるようにする場作りである。

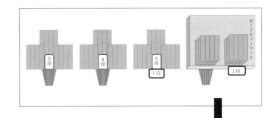

2．セーフティーマットを使った場作り

右図のように、セーフティーマットの上に、何枚かマットを重ね、3段や4段と同じくらいの高さにする。

その状態で、台上前転をさせるとよい。

この場ですぐ回ることができると、跳び箱での台上前転もある程度できるようになるので、右下図の場で台上前転を行う。

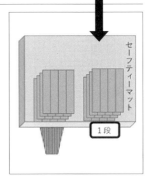

どうしても頭頂部がついてしまう児童や、まっすぐ回れない児童は、図の右側のように、一段の跳び箱をセーフティーマットの下に置き、その上に立ち、まっすぐ回る練習をさせる。無理に難しい場で挑戦させるより、何度も抵抗の少ない場で練習し、できたという達成感を積ませることが大切である。

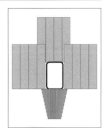

3．着地と着手にこだわる

台上前転では、前転し回転することはできても、着地がなかなかうまくいかない。大きな原因は、足が曲がっているからである。

跳び箱で練習している子どもたちには、「着地のとき、両足でピタッと立てるようにしなさい」と言い、「3秒以上止まることができれば合格」と言うようにする。すでにできている子どもたちにも真剣に取り組む課題を与え、できていない子への個別指導をするようにする。

3-10 準備7分

抱え込み跳び

うさぎ跳びが成功の秘訣

●中高学年　2学期

> **必要な準備**
> 【場所】体育館
> 【準備物】1班につき：跳び箱1台、踏切り板1台、マット1枚、
> 　　　　　セーフティーマット1個
> 【準備時間】7分（上記の物を体育倉庫から出しておく。）
>
> 　台上前転と同じく、抱え込み跳びでもセーフティーマットは、できない子にとって有効である。上手に活用したい。

　抱え込み跳びで大切な準備運動がうさぎ跳び（右写真）である。しかし、そのポイントを意識せずに、ただ、やらせるだけでは意味がない。うさぎ跳びには、外してはいけないポイントがある。それは**足がついたときに、手が離れている**ということである。

1．うさぎ跳びとは

　上写真のように、うさぎのように、跳んで行う。基本的には、マットを敷いて行うが、マットなしでもできるので、様々な場面で準備運動に取り入れるとよい。

　マットを横向きにうさぎ跳びで跳べるようになると、抱え込み跳びがで

きるようになっている。しかし、**いきなりマットを横向きにしては**、かえって、子どもたちの動きを悪くしてしまう。跳び越えることに意識がいってしまうのだ。

まずは、**マットを縦向きに置き、ポイントを押さえて行うこと**で、抱え込み跳びにつながる動きを作り出すことができる。

2．手のつき離しが最大のポイント

抱え込み跳びで大切なのは、**手のつき離し**である。それを、うさぎ跳びでしっかりと習熟させなければいけない。

③④の写真を見ると分かるように、足がついたときには、すでに手が上がっている。このようになってはじめて、手のつき離しができたことになる。「足がついたときに手が離れているのが、良いうさぎ跳びです」と伝え、相互評定、個別評定をしていく。

難しい技だが、毎時間の授業の中で、短く、繰り返し経験させることで、少しずつ、できるようになる児童が増えていく。

長いスパンで考え、跳び箱運動のときだけでなく、マット運動のときにも準備運動として、取り入れていくことが大切である。

3．場作りで、動きを引き出す①

上述のように、手のつき離しができるようになると、今度は、マットを横向きに置いて、マットを跳び越えるように練習させる。右写真のようになるが、これは、なかなか難しい。無理にやらせる必要はない。ただ、これができると、ほぼ問題なく、抱え込み跳びも跳べるようになっている。

4．場作りで、動きを引き出す②

マット1枚での練習が終わった後は、できる子は、跳び箱4段、5段などの場で、抱え込み跳びをさせる。

問題はできない子である。

抱え込み跳びは、どうしても恐怖心が強く、開脚跳びになってしまったり、せっかく練習した、手のつき離しができなくなってしまったりする。

そこで、上写真のような場を設定する。

跳び箱3段を用意し、着地側に、セーフティーマットを置き、同じ高さになるように、その上にマットを並べる。

こうすることで、着地側の恐怖心を一気になくすことができる。この場で、抱え込み跳びをするが、その際、大切なのは、写真のように、<u>着地は正座のような形でもいいということである。</u>

これならば、ほぼ、どの子も手のつき離しを体験することができる（右ページ写真①〜③）。

その際、もう1つ大切なポイントがある。

着手をマットにさせるということである。こうすることで、写真①②のように、胸と手の間に、膝を抱え込む空間ができる。この空間が確保されなければ、抱え込み跳びはできない。正座での抱え込み跳びができれば、写真④のように、足で着地するようにしていく。

それができれば、この後、写真④矢印のように、踏切り板を離したうえで、着手を跳び箱にするようにしてく。

場の設定により、動きを引き出すことができる。

後転の際にも、書いたが、大切なのは、自分ができる場で抱え込み跳びができることである。

3-11 準備3分

鉄棒運動

短く、長く、無理をせずに指導しよう

●中高学年　1、2学期

必要な準備
【場所】運動場
【準備物】なし
【準備時間】3分（どの高さの鉄棒がどれだけあるのか事前に確認）

　多くの学校では運動場に鉄棒があると思う。事前に、どの高さの鉄棒がどれだけあるのか、一度に何人ができるのか、を最低限、確認しておく必要がある。鉄棒運動は、すぐにできるようにはならない。ポイントは多様な動きを短く、継続して行うことである。

　鉄棒運動は、長い時間をかけるより、短時間で、繰り返し行うほうが効果的である。ポイントは、

①準備運動の精選
②場作り

である。

1．準備運動の精選

　準備運動は、易から難への流れで構成する。簡単なものから、難しいものへと変化していくから、子どもはやる気を持って取り組むことができるのだ。
　一番子どもたちにとって抵抗が少ないのが「つばめ」である。

写真のように、上手な子ほど、地面に対して平行に近い形になり、顔が前に出る。子どもたちには、「体が棒のようになって、顔が前に出たほうが上手だよ」と伝えている。

このように、ただやらせるだけではなく、どのような技が上手なのかを子どもたちに伝えることが大切である。

次に、子どもたちに抵抗が少ないのが、「豚の丸焼き」である。

怖くて、前回りができない児童も、「豚の丸焼き」は何とかできることが多い。基本的に、手をにぎっているのと、動きが少ないことが安心できる理由のようだ。

豚の丸焼きでも、より良い動きというものがある。写真のように顔を鉄棒に近づけようとすると、脇をしめる感覚を養うことができる。子どもには、「ほっぺたを鉄棒につけてごらん」というように指示している。また、慣れてくると、片手だけでやってみる方法などもある。少しずつ負荷をかけていくことが大切である。

次に逆さ感覚を養う運動で、行うべきなのが、「ふとんほし」である。

右写真のように、おなかではなく、足の付け根のあたりで、支えると痛くない。

これも慣れてくると、体を揺らしたり、手を離して、拍手が

できるようになると、上手な「ふとんほし」であることを伝える。

そして、腕支持感覚を養うために、是非やっておきたい運動が「だんごむし」である。持久懸垂ともいう。

写真のように、あごは鉄棒の上に出して行う。「だんごむし」の評価は単純で、より長い時間、「だんごむし」をすることを目標に努力するとよい。何秒我慢できるかを、毎時間測定すると、徐々に腕支持感覚、脇をしめる感覚が分かってくる。

最後に、やってみると意外にできない運動が「足抜き回り」である。写真のように、鉄棒と体の間から足を抜く運動である。元筑波大付属小学校教諭の林恒明氏は、逆上がりの兄弟運動として、「足抜き回り」を4回連続でできることを挙げている。最初のうち、子どもたちはできないが、片足を鉄棒につけてから回ることを教えると、たいていの児童はできるようになる。逆上がりの前段階の指導として、是非、扱っておきたい運動である。

2．場作り

鉄棒運動で大切なのが、場の設定である。

鉄棒の高さが、その子の身長にあっていなければ、効果的な運動を行うことができない。

また、技の種類によっても鉄棒の高さは変わってくる。

例えば、逆上がりであれば、おへその少し上くらいの高さの鉄棒がちょうどよい。しかし、足抜き回りであれば、もう少し高い鉄棒のほうがやりやすい。

何も指示をしなければ、子どもたちは、とにかく高い鉄棒で挑戦しよう

とするので、子どもの身長や取り組む技にあわせて、適した鉄棒で運動ができるように配慮しなければいけない。

自由にやるのではなく、ある程度は、しっかりと見られているという状況で運動をしなければ、あっという間に遊びに近い状況になってしまう。

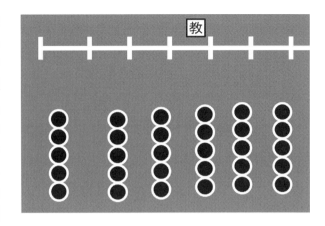

上図のような場作りで何人かずつ「つばめ」「豚の丸焼き」「ふとんほし」「だんごむし」の順番で行うのがよい。

「だんごむし」は、生き残り戦のような形で、秒数を計ると盛り上がる。毎時間測定することにより、自分の能力の向上が分かる。

少し時間はかかるが、班ごとにリレーのような形で実施しても面白い。

落ちてしまったら、次の人が10秒以内に「だんごむし」を行い、より長い時間かけたチームが勝ちというルールだ。

この後、逆上がりの指導に入るが、逆上がりができない児童が一度に同じ高さの鉄棒に来ると指導ができない。

そこで、逆上がりができる児童は、高い鉄棒で後方支持回転（連続逆上がり）の練習をする。さらに、できない児童を男女に分けて、男子が逆上がりの練習をしている間に、女子は少し高い鉄棒で「足抜き回り」の練習。その後、男女を交代するという流れで指導を行っている。

行う準備運動の精選と共に、場作りも大切な要素である。

事前に鉄棒の高さを調べておくのは大切な準備だといえる。

鉄棒は備え付けの教具なので、学校によって実態が大きく違う。その学校に数年いる先生に、どのように使っているかなど、聞いておくのも１つの方法である。

3 － 12　準備なし

逆上がり

補助具なし。簡単指導でできるようにしよう

●中高学年　2学期

必要な準備
【場所】運動場
【準備物】なし
【準備時間】0分

　逆上がりの指導は数多くある。効果的な教具もたくさんある。しかし、その多くが準備が大変だというデメリットがある。福井県の辻岡義介氏が開発した辻岡式逆上がり指導は、準備を全く必要としない指導法である。

1．足の付け根を鉄棒にくっつける

　まずは、足の付け根を子どもたちに触らせて、付け根がどこか確認する。

　次に、付け根の部分が、鉄棒に触れるように足を上げる。掛け声は「1、2」である。1で踏切り足を踏み込み、2で振り上げ足を、鉄棒

につける。写真のように、足が鉄棒についていれば、OKである。
　何度か繰り返し、グループやペアで確認をする。このときに、できるだけ勢いよく、振り上げ足が上がるように指導しておく。

2．ペアで補助しながら、練習する

次にペアで補助をしながら、練習を行う。掛け声は、「1、2、ストップ。せ〜の、追い越せ」である。

まずは、右写真のように、振り上げ足を補助する。掛け声で言えば、「ストップ」の状態である。

この状態で、残った足が「蹴る足」なのだが、「せ〜の、追い越せ」の掛け声と共に、「蹴る足」で、補助してもらっている振り上げ足を追い越すように蹴り上げる。

「蹴る足」が「振り上げ足」を追い越せば、自然と、逆上がりができてしまうというわけだ。

ポイントとしては、最初の「振り上げ足」がある程度高く上がっていることが大切になる。

振り上げ足が上がっていればいるほど、追い越したときの回転速度が速くなるからだ。

振り上げ足

蹴る足

3．掛け声を減らしていく

次に、掛け声を減らしていく。

「1、2、ストップ。せ〜の、追い越せ。」
だったのを、
「1、2、追い越せ。」
だけにする。2のときに、同じように補助をする。補助する力を少しずつ弱くしていくことで、徐々に1人で、できるようにしていく。

　この段階まで、指導してしまうと、子どもたちに任せることができる。教具も必要ない。大変、優れた指導法である。
　また、上写真のように、くるりんベルト※を使用する場合でも「1、2、追い越せ」の掛け声で、足を高く振り上げることを意識するのは有効である。

4．基礎感覚、基礎技能を高める

　辻岡式逆上がり指導法や、くるりんベルト※を使った指導法は、優れた指導法であるが、やはり、それだけをやっていてはだめだ。
　基礎感覚、基礎技能をしっかりと同時並行で養っていくからこそ、できない技もできるようになる。
　基礎感覚、基礎技能を養う指導法は、3－**11**に記載してあるとおりである。

※「くるりんベルト」とは、右写真のもの。腰を支えることで、逆上がりがやりやすくなる。東京教育技術研究所から販売されている。

☆コラム体育微細技術4　前回りができない子への指導

　逆上がりはできなくても、前回りはできる子は多かった。が、最近は前回りもできない子が、クラスに何人かはいるようになった。前回りができない原因は、恐怖感である。これは、なかなか一朝一夕には解決しない。子どもによっても、アプローチの仕方は違うだろうが、比較的、多くの子に効果的だった方法がある。

　前回りができない子は、頭が前に倒れるのが怖い。

　しかし、逆に、逆上がりの補助ありは、それほど抵抗がない場合がある。それを利用して、以下のように指導する。

①補助逆上がりをして、途中で止める。

②「ふとんほし」の状態になる。

③そのまま、逆上がりとは逆方向に回転して、前回りをする。

この方法が万能なわけではない。
これでも怖い児童はいる。
しかし、終末局面を経験させることにより、恐怖心がなくなる児童は存在する。
試してみる価値がある方法である。

　写真では、子ども同士で補助をしているが、教師が補助をし、安心感を与えることが大切である。

> 4 − **1** 準備なし
>
> # ドキドキ中当て
>
> ボールとコーンだけでできる低学年ボールゲーム
>
> ●低学年　2、3学期

> **必要な準備**
> 【場所】体育館　運動場（ライン必要）
> 【準備物】8人に：ボール1個、コーン4個
> 【準備時間】0分
>
> 　ボールゲームは、様々な準備が必要である。しかし、このドキドキ中当ては、体育館であれば、コートを描く必要もなく、4個のコーンと1個のボールさえあれば、すぐにゲームができる。低学年、お勧めのボールゲームだ。

　学習指導要領には、ボール投げの基本の運動とは別に、低学年でもゲームという領域がある。つまり、技能を育てるような運動（的当て）だけではなく、戦術学習を視野に入れたゲームも行っていかなければならない。以下、1年生でもすぐに理解でき、楽しく取り組めたドキドキ中当てを紹介する。

1．ゲームのルール

　ゲームのルールは極めてシンプルである。

①1チーム4人
②四角形の中に、味方チーム4人が入り、相手チーム4人は、四角形の外に出て、それぞれの辺に1人ずついるようにする。
③外の子は、ボールを転がして、中の子に当てる。中の子は当たらないよ

うに逃げる。
④慣れてきたら、ボールを2個にする。
⑤ボールが中に止まってしまったら、外に転がす。

基本的なルールは以上である。
ドッジボールの導入でよくやる中当てを、四方どこからでも投げてよい、そして、転がして行う、というルールである。この基本ルールでしばらくゲームをした後、クラスの実態に応じて、いくつかルールを付け加えていく。
例えば、当てられたら帽子を脱ぐ、当てたら帽子を脱ぐ、などのルールを付け加え、点数制にして、勝ち負けを決めることで、ゲームとしての楽しみも出てくる。

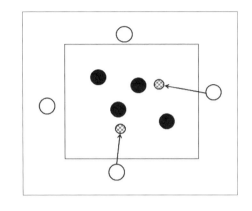

2．準備運動

1年生には、ボールに全く触っていないような子どももいる。準備運動で、しっかりとボールに慣れさせる必要がある。
2人組で以下のような準備運動を行った。

①2人組でボールを転がして、パスする。
②相手が動く必要がないように、ボールを転がしてパスをする。お互いが、動かずにパスができたら、距離を少し延ばす。

少しずつ距離が延びてきて、正確さも必要とされるようになってくる。
体育館では、一人一人にボールを持たせて、壁に向かって、思いっきりボールを転がすという準備運動も行った。転がす能力を高めるためには、効果的であった。

3．戦術的な動きができるよう工夫する

ある程度、ルールの内容が理解できたら、その際に、戦術的な動きや、ボールを持たない動きなどを子どもたちに意識できるように問いかけていく。

発問1．どうすれば、当てやすいですか？

すぐに後ろ向きの子を狙えばいいという答えが出る。

写真のようにボールが2つあるので、子どもたちは、どちらかのボールに集中することになる。後ろ向きになっている子を狙うことで、確実に当てることができるのだ。そのことを理解させたうえで、さらに思考場面が必要なルールを付け加える。

追加ルール
　攻撃側がボールを当てたら、帽子を脱ぐ。
　全員（4人）、帽子を脱いだら、攻撃側の勝ち。

このルールを付け加えることにより、子どもたちの動きは、さらに戦略的になる。

例えば、右写真のボールを持っている子どもは、すでに当てているので帽子を脱いでいる。

ボールを持っている、この子は当てる必要がないのだが、子どもたちの視線を見ると、そちらの方向に視線が行っている

ことが分かる。
　つまり、すでに当ててしまった子が、視線を向けさせる役割を果たすことができるのだ。そして、当てていない子が、後ろ向きになっている子にボールを当てるという作戦が成り立つのである。
　ある程度、慣れてきたら、次に、ボールを持たないときの動きも意識させる。

発問２．ボールを持っていないとき、どうすればボールをもらいやすいですか？

　子どもたちからは、「声を出す」「見えやすい場所に動く」などの意見が出た。
　じっと待っているだけではなく、ボールを持っていないときも、声を出し、動くことで、ボールをもらいやすくなることが分かったようであった。

４．トラブルの回避

　ゲームをする中で、「当たった、当たっていない」でもめるチームがあった。よくあるトラブルである。が、対応は必要だ。
　こういった対応は、クラスの雰囲気や、子どもの状況によっても全く違うと思うので一概には言えない。私は以下のように対応した。
　「ドキドキ中当てをしているとき、中の子は逃げるのに必死です。だから、時には、当たったことに気がつかないときがあります。そうだよね（念を押す）？　だから、もし外の子は自分が当てたときに中の子が気づいていなくても、自分が当てたと思ったら、帽子を脱ぎなさい。それに対して、中の子は文句を言ってはいけません。もちろん、外の子は嘘をつかないでね。みんなが楽しくやるためのマナーです。」
　私の場合、この趣意説明でトラブルはなくなった。こういったトラブルの対応は、一概には言えない。大切なのは、子どもたちが納得するようなルールの設定と趣意説明ができるかどうかだ。

4-2 準備5分

卵割りサッカー
苦手な子も楽しめる簡単ルールのサッカー

●低（中高）学年　全学期

必要な準備
【場所】運動場
【準備物】8人に：ボール2個、コーン2個
【準備時間】5分（ラインを引く時間）

　サッカーは、運動場のゴール型でよく指導されることが多いが、ゴールが多くある学校というのは、珍しい。卵割りサッカーは、ラインを引くだけで、子どもたちが狙った場所に正確に蹴る練習ができ、達成感もある低学年にお勧めの運動である（中高学年でもタスクゲームであれば、十分成立する）。

　低学年のゴール型のボールゲームで、準備が少なく実践できるのが、卵割りサッカーである。低中学年では、十分メインゲームとして成り立ち、準備も極めて簡単である。

1．卵割りサッカーのルール

　以下が、卵割りサッカーの基本的なルールである。

① 4人対4人で行う。
② 攻撃側は、図1のように2人ずつに分かれて、5mほど離れた線で並ぶ。
③ 守備側は、図1のように円の中に入る。
④ 攻撃側は、ボールを蹴って、守備の間を抜けたら1点
⑤ ボールは、浮き上がってはダメ。ゴロで蹴るようにする。

(膝より下など、基準を決めておくとよい。)
⑥ 2～3分で攻守交代する。

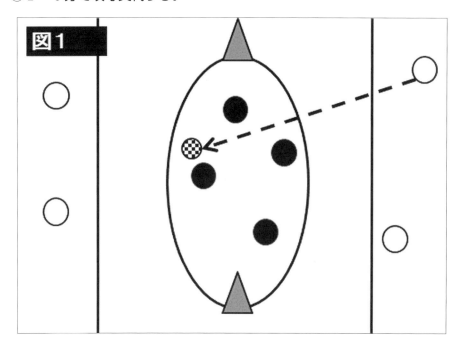

　前段階で、インサイドキック（足の横部分で蹴るキック）を練習し、ゴロで、ある程度狙った場所に蹴る経験をしてから行うゲームである。
　2人組でパス練習などをするとよいだろう。
　準備も簡単で、ルールも簡単。ラインさえ引けば、すぐに実践できる。

2．一工夫して、さらに準備を少なくしよう

　卵割りサッカーは、場の設定が容易であり、かつ大きな面積もとらないために、いくつでも場を設定することができる。しかし、得点を計算するようになると、どうしても、得点板が必要になってくる。得点板が場と同じ数だけなければ、ゲームをすることができなくなってしまう。
　せっかくなので、得点もできる限り、準備なく進めたい。
　私がよくやっている方法は、赤白帽を、活用する方法である。以下のような得点のルールである。

①1点取った人は、赤白帽を脱ぐ。
②脱いだ人の合計が得点となる。
③全員脱いだら、ボーナス得点10点。10点取ったときは、コーンを倒しておく。
④その後は、全員が帽子をかぶり、また、帽子を脱いだ人数だけ得点が加算される。

　このルールを活用することで、得点を早々に取ってしまった子も勝つためには、残りのメンバーの子に得点を決めてもらわなければいけなくなる。そうなると、どうしてもワンマンプレーでは勝てなくなる。チームワークが良いチームが勝ちを手にすることができるという仕組みである。

3．苦手な子も得点できるための、もう一工夫

　上述したように、卵割りサッカーは、準備も簡単で大変素晴らしいゲームであるが、実践してみると、以下のような課題に直面する。
　キック力が弱い子が得点を決めることができない。
　何と言っても、ボールゲームは得点を決めることが楽しさであり、喜びである。どの子も得点を取れるようにしたい。ましてや、上述したような10点ボーナスルールで行うのであれば、苦手な子にとっては、ものすごくプレッシャーになってしまう。できる限り、全員得点ができる工夫をしたい。そこで、私は
ボールを2つにして行う
ようにしている。ボールを2つにすることにより、一気に得点の機会が増える。守備側は、二方向からのボールを見なければいけない。一気に決まる確率が高くなる。また、ボールを2つにすることにより、様々な作戦も考えることができるようになる。単元の最後の方には、全員得点したら、ボールを1つにするなどのルールを加えてもよい。苦手な子も楽しめて、準備も少なくて済むお勧めの方法である。

☆コラム体育微細技術5　細分化すればふざけない

　ボールゲームをしているときに、児童がボールで遊んでいたり、ふざけたりすることがある。細分化して指示すれば解決できる。

　例えば、準備運動で円になって、パスの練習をさせたいとする。教師側からすると、パスの練習をしなさい、という指示で、子どもたちは動けると思ってしまう。しかし、ここに子どもたちと教師との間に認識の差が生じる。

①どこに行けばいいのか？
②どのように、円になればいいのか？
③誰から始めればいいのか？
④どの程度の時間で行けばいいのか？

　素早く動くということが、すでに子どもたちに入っていればいいのだが、それが入っていない場合は、指導を変える必要がある。

　では、どうすればよいのか？　細分化することで、子どもの移動を素早くすることができる。以下のように進める。

①班ごとに集合する。
②移動する場所を指示する（指さしながら1班、2班………）。
③円になって、座りなさい。20秒です。
④時間内に座れた班から、ボールを渡す。

　極めて明確である。移動して、円になって座るだけである。しかも、ボールは渡していないので、少なくともボールでは、遊びようがない。これで、だらだらするようなら、毅然とやり直しをさせればよい。

　結局、一時に二事、三事で指示をするから、子どもたちはふざけるのだ。まずは、移動のみを指示して、評価する。そうすれば、子どもたちは、真剣に動くようになる。

4−3 準備なし

キャッチハンドボール
ボールとコーンだけで、すぐできる高学年ボールゲーム

●中高学年　2、3学期

必要な準備
【場所】体育館　運動場（ライン必要）
【準備物】8人に：ボール1個、コーン6個
【準備時間】0分

　高学年になると、低学年より、ルールが難しくなる。また、ボールを持たない動きも意図的に学習をさせる必要が出てくる。キャッチハンドボールは、それらの条件を満たし、かつ、最小限の準備で実践できる中高学年向きのボールゲームである。

　体育の研究授業で、オリジナルのルールの授業を見ることがあるが、その多くが複雑なルールが多い。オリジナルのルールを作ると、どうしても、ルールが複雑になってしまい、子どもへの指導が難しくなってしまう。本稿のキャッチハンドボールも決して、簡単なルールではない。しかし、ドリルゲーム（練習をメインにしたゲーム）、タスクゲーム（戦術的な動きを練習するゲーム）、メインゲーム（試合）と3つの流れに沿って指導することで、無理なくルールを理解し、ゲームが楽しめるようになる。

1．キャッチハンドボールのルール

　まず、キャッチハンドボールのルールを以下に紹介する。

1）ゴールエリアでボールをキャッチすることができれば得点。
2）時間は前半3分、後半3分

3）1チームは、サイドマン（サ）2人、フロアマン（フ）2人の計4人
4）サイドマンは、相手側のサイド（斜線）と相手側のゴールエリアで動ける。
5）フロアマンは、攻撃の際は相手コート、守備の際は自陣を動くことができる。
6）ドリブル禁止。パスは、自由に行える。
7）ボールを持っているときは、手の当たらない範囲に離れる。

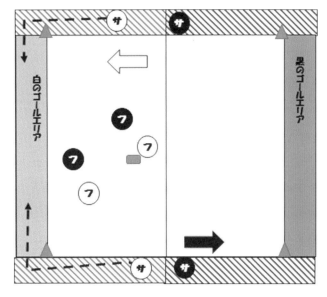

8）パスカットはできる。落としたボールを拾うこともできる。
9）得点が決まったり、壁にボールが当たったりしたときは、相手側のフロアマンが、自陣から攻撃を始める。

2．ドリルゲーム 「パス&ラン」

　ドリルゲームとは、必要な技能を習熟するために反復的に行う練習のようなものである。キャッチハンドボールでは、サイドマンのゴールへの走り込みが重要であると同時に、フロアマンのゴールエリアへのパスも重要である。これらの動きに慣れさせるためのドリルが「パス&ラン」である。

1）チームで半分ずつ分かれる。
2）サイドマンは、パスをしたら、ゴールエリアに走り込む。
3）フロアマンは、サイドマンにパスを出す。
4）慣れてきたら、走り込む前に、パスを出し、タイミングよくキャッチ

できるようにする。

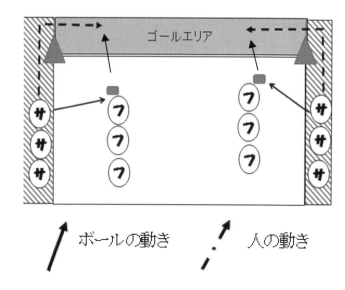

3．タスクゲーム 「パスキャッチゲーム 3対1 4対2」

　タスクゲームとは、戦術的な動きを学習させるゲームである。ボールを持たない動きを攻撃優位の状態で、理解させる狙いがある。

1) 攻撃3人（サイドマン（サ）1人、フロアマン（フ）2人）、守備（テ）1人。
2) サイドマンからボールをパスし、スタート。
3) サイドマンは、ゴールエリアに走る。
4) コート内の2人は、パスを回し、サイドマンにゴールエリアでパスを回す。ボールを持っていないときは、走れる。
5) ドリブルはできない。
6) ディフェンスはボールを止めれば、勝ち。
7) コート外に出たら、最初からやり直し。

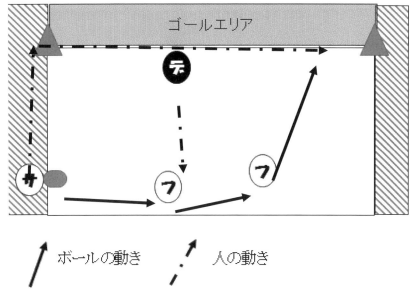

4．メインゲームは困ったことを確認し、ルールを付け加えていく

　ドリルゲーム、タスクゲームを2時間ほどかけて行い、メインゲームへと入っていく。
　メインゲームを行う際に、まずは、いきなり点数をつけての試合から始めるのではなく、お試しのゲームという形で行う。
　2分ほど試合をさせて、全体を集めて、以下のように問う。

何か困ったことはありませんか？

　そうすることで、ルールの脆弱性や、もめる原因になることが出てくる。
　例えば、ワンバウンドのパスはOKなのかとか、壁に当たったボールを取ったのは、得点になるのか？　などである。
　これらのことを、場合によっては話し合わせたり、教師が決めたりすることで、ルールを少しずつ作っていくようにする。

4-4　準備10分

パワーアタックバレーボール
スタンドとゴム紐でできる高学年ソフトバレーボール

●中高学年　全学期

必要な準備
【場所】体育館
【準備物】8人に：ボール1個、高跳び用スタンド2個、ゴム紐
【準備時間】10分（ゴム紐の準備、高跳び用スタンドの確認）

　学習指導要領には、ネット型のゲームを必ず行うことが明記されている。しかし、学校によっては、ネットや支柱がないことがある。また、あったとしても、それが複数ある学校は珍しい。本実践は、高跳び用のスタンドとゴム紐を使い、単元開始前のゴム紐の準備だけで、楽しくゲームができる実践である。

　ソフトバレーボールでは、パスなどのチームプレーが重視され、指導される。しかし、子どもたちは、思いっきりボールをアタックすることにこそ、達成感を感じる。パワーアタックバレーボールはルールの工夫と場作りにより、子どもたちのアタックを重視した実践である。

1．ルールの工夫

　学習指導要領には、「相手が取りにくいようなボールを打ち返すことができる」という目標が明記されている。しかし、実際、子どもたちが、どこにアタックを打てばよいかまでは、意識していないことのほうが多い。
　子どもたちが意識的にアタックをどこにすればよいのかを思考し、実現できるような授業にするために、以下のような工夫を行った。
①ゴムを1m10センチ程度の高さまで下げる。

※ネットはゴム紐を使うことで、いくつも場が設定できる。
※支柱の代わりに、高跳び用のスタンを使用するとよい。
②アタックは、ワンバウンドまでは得点とならない。

　第一に、ゴム（ネット）を低くすることにより、アタックの際に跳ぶ必要がなくなる。ボール運動が苦手な子ども、協応感覚が乏しい子どもにとっては、これだけでもかなりの余裕ができ、どこにアタックを打てば決まりやすいかを考えるきっかけとなる。
　第二に、アタックはやりやすくなるのだが、真下に打ち込むようなアタックが極めてやりやすくなってしまう。したがって、点が決まり放題になってしまう。これでは、面白みに欠けるので、ワンバウンドまでは得点にならないという第二のルールを設定する。これにより、打つ場所を考えなければ、容易に得点ができないような仕組みになる。

2．授業の実際①

　まずは、基礎感覚、基礎技能を育てなければ、バレーボールのゲームはできない。準備運動として、キャッチキャッチゲームを行う。

①チームで円になる。
②ボールを投げ上げる。
③キャッチする。
④できるだけ、すぐに投げ上げる。

というルールである。これに少しずつ負荷を加えていく。
　ボールを投げ上げた後、チームの円の周りを１周する。ボールに触れていない間は、必ずプラス言葉を言う、などだ。
　このゲームは、極めて単純であり、誰でもできる。だからこそ、この時点で、しっかりと、待っている間も動くということと、プラス言葉をしっかりと言う、ということを徹底して、指導しておく必要がある。
　ゲームが複雑になり、技能面も高度なものが要求されるようになった段階で、こういった指導は入らない。単純な準備運動の段階で、しっかりと

ゲームを楽しむための、土台をつくっておく必要がある。

写真は、大人での模擬授業であるが、全員がボールに集中し、すぐに動けるような姿勢に
なっている。このような状態で、行えるようになることが理想である。

3．授業の実際②

次にアタックをする練習を行う。

①「1」と言いながら、ボールをパス。
②キャッチし、「2」と言いながら、パス。
③「アタック」で相手コートにアタックする。

これを繰り返す。1、2、アタックを何度も何度も繰り返すことで、技能化していくことが必要である。上記、2つの準備運動は、単元を通して行い、児童の技能を高めるようにする。

4．授業の実際③

ある程度、準備運動ができたら、ゲームを行う。キャッチキャッチバ

レーというゲームである。以下のようなルール設定で行う。
①サーブは、相手コートに投げ入れる（山なりのボール）。
②何度キャッチしてもよい。

まずは、この２点だけで始める。ゴムが低いので、やっているうちに、当然、子どもたちは、すぐに真下にアタックを打つようになる。

そこで以下のようなルールを付け足していく。
③相手からの返球は、ワンバウンドまでは、得点にならない。
④３回までに相手に返球する。つまり、１、２、アタックのリズムで返球する。

ルールを一時に一事で、加えていくことで、無理なく理解をすることができる。この後、場合によっては、ブロックなしのルールや、全員がアタックで点を決めた場合、ボーナス点などのルールを付け加えていくとよい。ルールを付け加えるときの視点は、
「みんなが楽しめるルールなのか？」
という一点で、子どもたちに問いかけていくとよい。

５．ルールを理解させる微細技術

子どもたちにルールを理解させるときに、効果的な方法がある。
教師がボールを持ち、解説しながら、ルールを教えるのだ。
例えば、
「Ａ君がアタックします。ネットを越えて………ボールがワンバウンドします。
この時点では得点になりません。
この後Ｂ君がキャッチすると、ゲームは続きますが………無理でツーバウンドしてしまうと、得点です。」

こういったルールの解説を、子どもたちをコートに配置させて、教師がボールを持って、ボールをゆっくりと移動させながら行うのである。

口で説明したり、黒板に書いたりするだけでは分からないが、コートの中で、ボールを移動させながら、解説するのは有効な方法である。

4-5 準備10分

心電図の実践
動きを記録し、子どもに考えさせる

●中高学年　全学期

必要な準備
【場所】運動場　体育館
【準備物】バインダー：班の数の半分、鉛筆、記録用紙
【準備時間】10分（記録用紙の作成）、バインダーの準備

　向山洋一氏のバスケットボールの授業で心電図の実践がある。しかし、これがなかなか難しい。本論文では、心電図に至る前段階、簡単にできる試合中の記録の方法を紹介する。

1．心電図の実践とは

　心電図とは図のように、試合中の動きを子どもが記録するというものである。（『向山洋一全集　体育授業を知的に』（以下同著）より引用。）

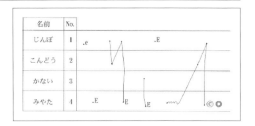

　しかし、これがなかなか難しい。

　記録させるのに、かなり子どもを育てないといけないし、それをどう活用していくかにも、能力が必要とされる。ただ、チームの中で、自分たちの動きを記録させ、改善させていくことは大切である。子どもにとって抵抗が少ない方法で実践したい。

2．触球数、シュート数のみ記録させる

　子どもたちが、分かりやすいことのみを記録したい。そのうえで、外せないのが、
触球数、シュート数
である。この二点だけ記録するだけでも、ずいぶんとチームの状態が分かる。私は、右図のような記録シートを作り、兄弟チームで記録をさせるようにした。このシートだと、ほぼ説明もいらず、すぐに子どもたちはできるようになった。

試合日　　月　　日				
名前	番号	1試合目（対　　　　　）		
		触球数（正）	合計	ゴール数
奥　清二郎	1	正正正	15	〇××〇
中谷　康博	2	正	5	〇
原田　朋哉	3	正	5	〇
山本　東矢	4	一	1	
本吉　伸行	5		0	
チームの課題				

3．ライターとアナウンサーをつくる

　この実践をするうえで、極めて大切なことが、「体育授業を知的に」に記載されている。「**なお、記録は2名必要である。ライター＋アナウンサー**」つまり、試合を見て、状況を伝える人と、記録の2人で行うのである。上の記録カードのチームで試合をした際、「原田君⇒中谷君⇒奥君とボールが渡り、奥君がシュートし、入ったとする」その場合のアナウンスは、「3、2、1、シュート〇」となる。ゼッケンの番号で簡潔にアナウンスすることにより、ライターも簡単に記録ができるのだ。

4．記録をどう生かすか？

　上の記録用紙のチームであれば、山本君と本吉君にボールが回ってきていないのは、明白である。そういったことをしっかりと数値化して伝えることで、ゲームの改善を促す。状況にもよるが、全員触ったらボーナス点や、全員シュートを決めたらボーナス点、のようなルールを作ってもよい。記録を次に役立てていくことが大切である。

5－1　準備なし

向山型水泳指導
全体指導で劇的に泳力を高めよう

●中高学年　1学期

必要な準備
【場所】プール
【準備物】笛
【準備時間】0分

　浮くことができない児童は、個別指導が必要だが、そうでない児童は、一斉指導で運動量を高めることで、泳げるようになる。向山型水泳指導は、一斉指導で劇的に効果を高める指導法である。

　向山型水泳指導は、驚異の指導法である。ある年、5年生を担任した。1学期8時間前後の指導で、それまで一度も、25mを泳げなかった児童11名。そのうち9名が泳げるようになった（残り2名のうち1名も、夏休み中に完泳、残り1名は1学期から夏休みまで欠席で無理だった）。向山型水泳指導には様々な要素があるが、私が最も特徴的だと思うのは、<u>取り立て指導を行わない</u>、ということである。取り立て指導とは、習熟度別の指導や、個別指導のことである。水泳は、それが当たり前だと思っていたが、向山型は違う。システムの中で、できる子も、できない子も泳げるようにするのが向山型水泳指導である。根底にあるのは、どの子も一人残らず大切にしようとする思想である。以下に、そのシステムを示す。

1．指示が通るシステム

　驚異の上達を保証する向山型水泳指導だが、その根底にあるのは、圧倒的な運動量である。水泳ほど、運動量が物を言う題材も珍しい。とにか

く、たくさん泳いだら、泳げるようになるのだ。そのために、子どもたちに絶対に身につけさせておきたいことがある。それは**指示を聞き、素早く動く**ということである。これが徹底されてこそ、向山型水泳指導は、可能になる。

そのために必要なのが、入水の際の指導である。以下のようにプールサイドで進める。

①ピ、立ちます。
  （子どもたちは、ざわざわしながら、ゆっくり立つ。そこかしこで騒ぐ。）
②ピ、座ります。
  （お説教はしない。ただ、指示する。）
  （子どもたちは、ざわざわしながら、座る。）
③再度、①を行う。ピ、立ちます。
  （かなり静かに速く動けるが、それでも通常、うるさい。）
④再度、②のように座らせる。
⑤ここで、趣意説明を入れる。
  「水泳は、命に関わる危険があります。指示をよく聞き、素早く動けるようになることは絶対に必要です。妥協しません。」
⑥これで、お概ね、指示を聞くという状態がつくられる。

これは、低学年でも高学年でも全く同じである。ここは絶対に徹底しておかなくてはならない。

さらに、私はこの後、入水の前に、笛がピピと鳴ったら、黙って先生の方を見ます、というルールを入れておく。これも守られなかったときには、お説教をせずに、淡々とプールからあげて、やり直しをさせる。

以上のようなことを、最初の時間に徹底してやる。だから指示が通りやすい集団になり、圧倒的な運動量を確保できるのだ。

2．水をあけず、運動量を確保する

向山型水泳指導のもう一つの特徴は、「水をあけない」ということであ

る。つまり、いつでも、プールに誰かが泳いでいる。人がいない空間をつくらないということである。基本的には、待たずに次々と進める。待たずに進めたほうが、遅い子も目立たなくて済む。どうしても、遅くて、間に合わない子は、全体指導ではない教師が少しだけ引っ張って助けてやればいいのだ。高学年の場合、45分は以下のような流れとなる。

準備体操　入水　水慣れ　　　　5分
横泳ぎ　　　　　　　　　　　　5分
　ちょうちょ背泳ぎ〜背泳ぎ　　5分
　ドル平〜平泳ぎ　　　　　　　5分
縦泳ぎ　　　　　　　　　　　　10分
遠泳　　　　　　　　　　　　　5分
整理体操　　　　　　　　　　　2分
片づけ　着替え　　　　　　　　8分

　横泳ぎの背泳ぎも平泳ぎも、もちろん一斉指導である（詳しい指導は、ページの都合上、ここでは割愛する）。
　一斉指導の中で、できるようにしていく。大切なのは、やはり、運動量である。
　縦泳ぎの際も、先に記したように、取り立て指導は行わない。何を何本泳ぐかということを伝え、泳がせまくる。この際も、とにかく、水をあけないということを伝え、前の子が５ｍ地点まで行ったら、次の子がスタートするようにする。
　概ね高学年であれば、三種目（クロール、平、背泳）を２本ずつくらい泳がせるようにする。
　この、水をあけない指導を毎時間繰り返すからこそ、泳げる子が増えてくるのである。
　ただ、初期のうちは、どうしてもしんどい児童が出てくる。向山氏は、しんどかったら、休みなさいと伝えている。しんどかったら、休んでいいのだ。
　入水指導と一緒に、ここに少しだけ自分なりの工夫を加える。

①縦泳ぎの際に、図のようにゴール側に教師が待機し、何回立ったかを聞

き、褒めまくる。
（子どもにとって、毎回評価があるので、頑張れる。）
② しんどかったら、もちろん、休んでいいのだが、休んでいる子が、おしゃべりをしたり、遊んでいると、全体の雰囲気が悪くなる。
したがって、しんどくなったら、休んでいいのだが、１人で休んでおく。ということを最初にルールで伝えておくようにしている。

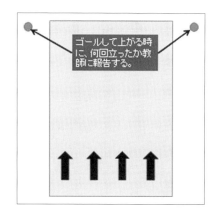

3．遠泳指導

授業の最後に、遠泳指導をする。これも、向山型だ。概略は以下のような流れになる。
① 子どもをプールに入れる。
② 時計回り、ないしは、反時計回りで回るということを伝える。
③ 足がついてしまったら、立つことを伝える。
④ ３分〜５分くらいで行う。
⑤ 後半、残り１分くらいで、泳ぎ方をクロール等に指定して、負荷をかける。
⑥ 残っている子を褒める。

最初のうちは、達成者はごくわずかである。
できるわけがないというような雰囲気にもなる。しかし、そこであきらめずに教師が続けることが大切である。
繰り返すことで、徐々に達成者が増えてくる。
毎時間、淡々と繰り返し、褒め続けることで、子どもの泳力は劇的に向上する。これは、他の領域にも言えることである。最初がしんどい。しかし、教師が信念を持ち、努力している子、できるようになった子を褒め続けることで、集団の底上げができるようになるのである。

5－**2** 準備なし

背浮き

命を守る最も大切な指導背浮き

●中高学年　1学期

必要な準備
【場所】プール
【準備物】ヘルパー（泳げない子の人数分あれば理想）
【準備時間】0分

　背浮きができれば、いくらでも浮いていることができる。浮いていることができれば、手をかけば進むので、何mでも泳ぐことができる。背浮きを行うために、最も効果的な教具がヘルパーである。できれば、泳げない子の分くらいは、そろえておきたい。以下はTOSS体育代表根本正雄氏の実践をベースにしている。

　そもそも、水泳指導の最も大きな目的の一つが水難事故に遭ってしまった場合に命を守ることである。万一にも、水難事故に遭ってしまった場合の対処法を伝えておきたい。合言葉は、「浮いて待て！」である。無理に泳ぐのではなく、浮いて助けを待つことが命を守ることにつながる。そのために身につけておかなければならない浮き方が背浮きである。

1．背浮きのポイント

　では、実際に背浮きができるようにするためには、どのように指導すればよいのか。以下のようなポイントがある。
①耳まで水に入ってから、ゆっくり浮くようにする。
②背浮きをしているときは、あごを上げ、頭の後ろを見るようにする。
③目を開け、口を開ける。

(②、③により体の力がぬける。)
④写真のようなヘルパーがあれば、ヘルパーを着けて、背浮きをする。
（慣れてきたら、なくしていく。）
⑤基本的には、体を動かさず、足が沈んできたら、軽く足を蹴って浮かせるようにする。

　この指導を水慣れの際に、毎時間、繰り返すようにする。

　もしヘルパーがなくても、繰り返すうちに、脱力のやり方が分かれば、背浮きができる子は、徐々に増えてくる。どうしてもできない子にヘルパーを渡してあげるようにするとよい。

3．背浮きから、ちょうちょ背泳ぎへ

　背浮きができてしまえば、あとは手と足を動かせば、ある程度は進むようになる。大切なのは体の力を抜いた状態を維持し、体を水平に保つことである。

　図1のように、息を吸った状態で両手を肩の高さ近くまで上げてくる。そして、図2のように息を吐くと同時に、両手を下ろし、水流をお尻の下あたりに入れるようにする。足は、少し沈んできたなと思ったら、軽くバタ足をする程度でよい。

　大切なのは、体の力を抜いた状態で、リラックスして、体を水平に保つことである。これで、5mほど進むことができれば、あとは指導なしで、何mでも泳げるようになっていく。

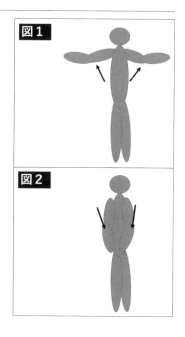

5-③ 準備なし

浮く指導
浮くのが怖い子は時間を区切って指導しよう

●全学年　1学期

必要な準備
【場所】プール
【準備物】なし
【準備時間】0分

　5-①で、全体指導で多くの児童は泳げるようになると書いたが、浮くことができない児童は、個別指導をしなければ、なかなか改善は見られない。浮けない児童を浮けるようにするためには、**時間で区切って褒めること**が大切である。

　浮くことは、水泳の基礎中の基礎である。まずは、このことをできるようにしないといけない。顔をつけることができないという児童もいるが、基本的には、ゴーグルを着けてあげればよい。以下、水に入れるが、浮くことができない児童が一気に水泳好きになっていった実践である。

1．浮くことができない児童への指導

　さて、浮くことができない児童への指導の基本方針は、**支えてあげて安心させ、徐々に支えを減らしていく**、という方法だ。
　向山先生の「だるま浮き」の指導も同じ発想である。

①陸上で、だるま浮きの格好をさせ、おなかを見る。
②陸上で立ち方を教える。
③教師が支え、水中でだるま浮きをさせる。

112

④支える手を少しずつ離していく。

　この間、ずっと褒め続けることで、子どもたちは、浮くことができるようになっていく。

　ただ、子どもによっては、どうしてもだるま浮きができない児童がいる。

　ある年、夏休み中の水泳指導で担当した、S君もそうだった。

　ただ、彼は今までの練習がそうだったのか、理由は分からないのだが、だるま浮きはできないが、ビート板を持った「けのび」であれば、できた。

　しかし、ビート板をなしにすると、一瞬も浮くことができなかった。

　そこで、S君にビート板をやめて、私の手を持たせるようにさせた。その持たせる部分を少しずつ少なくしていった。

　最初は両手。次に片手。そして、指数本というように、徐々に、支えを減らしていった。

　ただ、手の支えなしだと、すぐに立ってしまう。

　いろいろと考えた結果、その時、有効だったのが、けのびの最中に一瞬だけ手を離すという方法である。

　指で支えながら、けのびをする。

　けのびの最中に、ほんの一瞬だけ、手を下げて離す。最初は、本当に一瞬。コンマ数秒である。それならば、S君はできた。それを何度か繰り返すうちに、2秒くらいまで、自力で浮けるようになった。

　そこまでできるようになって初めて、補助なしで、けのびができるようになった。

　浮けなかった子が浮けるようになるという事実は、子どもにとってはものすごい達成感である。

　学年が違うこともあり、夏休み中、S君とその後会うことはなくなったが、2学期、彼は笑顔で、スイミングを習い始めたと伝えてくれた。

　S君自ら「水泳を習いたい」と言ったそうである。

　その後、S君を5年生で担任することになる。

　体育の授業全般に苦手意識のある子だったが、水泳は喜んで取り組み、遠泳も全く立たずに泳ぎ切ることができていた。

　できないことができるようになるというのは、嫌いなものを一挙に好きにしてしまうくらいの効果があるのだ。

5-4 準備なし

波のプール

みんな大好き！ 人工で波のプールを作ろう

●全学年　1学期

必要な準備
【場所】プール
【準備物】笛
【準備時間】0分

　波のプールは、危険性も少なく、子どもたちに大人気である。
以下、作り方を紹介する。

　波のプールは、分かってしまえば、すごく簡単だが、作り方にちょっとしたコツがある。

1．作り方

　条件としては、ある程度の人数が必要である。30名くらいは最低限必要かと思う。以前、例会で、大人10名弱くらいで、何とか波を起こすことができたが、子どもであれば、30名。少なくとも20名は必要であるかと思う。

　逆に言うと、30名以上いれば、正しい指導法で指導すれば、ほぼ間違いなく、波を起こすことができる。

　以下のような流れで指導を行う。

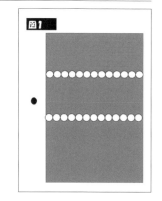

①プールの中に図1のような形で、クラス一列に並ばせる（図は2クラス

の場合)。
②同じ方向を向かせる。
③ピピピの合図で、先生と同じ方向に進み、ピピーの合図で向きを変えることを伝える。
④笛を吹きながら（ピピピ………と、音を鳴らす）、教師も移動し、子どもたちも移動させる。（手をつなぐことに抵抗がなければ、手をつながせる。）図2
⑤プールの端を見て、わずかに波ができたのを確認した時点で、ピピーと鳴らして、向きを変える。図3
⑥④⑤を繰り返すと、波が少しずつ大きくなってくる。波が起きた後は、しばらく自由に波を楽しんでよい時間とする。

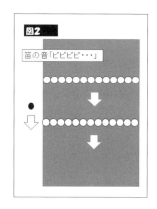

2．ポイントと配慮事項

　波を起こす一番のポイントは、上記⑤の波の見極めである。これが結構難しい。ただ、人数が50名以上いれば、この見極めがうまくいかなくても、何度か繰り返しているうちに自然と波はできる。まずは、やってみるのがよいだろう。

　配慮事項としては、波のプールをすると、結構な勢いで水が減ってしまう。校内がそういったことに敏感でなければよいのだが、敏感な場合は、頻繁にはしないほうがよいだろう。

　もう一つ、波を作ったときに、水がフロアに出てきてしまうので、マイクや、バインダー、紙などを、濡れないような場所に移動しておくことが大切である。

　プールの中でぐるぐる回る「洗濯機」に比べると、比較的、安全な運動である。それでも、低学年では怖い児童もいる。子どもが怖がる場合は、無理をさせずに、プールから上げておくなどの配慮は必要である。

6-1

団体演技

終末局面開始の原則を使う

●高学年　1学期

必要な準備
【場所】運動場　体育館
【準備物】スピーカー　音源CDなど
【準備時間】—

　運動会の団体演技は、かなり周到な準備が必要である。ただ、当日の指導には、原則がある。ダンスも団体行動も、民舞も、組体操も、すべてに応用できるのが、終末局面開始の原則である。

組体操を禁止にする市や県が増えている。
そんな中、集団行動は、高学年の演技として、お勧めである。

1．終末局面から開始する。

　集団行動。音楽に合わせて、集団で行進し、動きの美しさを見せるものである。マスゲームのようなものなのだが、これが意外と難しい。数年前指導した動きを次ページに掲載している。
　図①→図②→図③という形で集団を動かしていく。図③の後、斜めに移動し集団で交差をするという流れだ。
　さて、図①②③と指導する場合、どこから指導するのか。
　普通に考えれば、図①から指導する。しかし、終末局面から開始する方が圧倒的に子どもたちは分かりやすい。つまり、図③から指導するのだ。

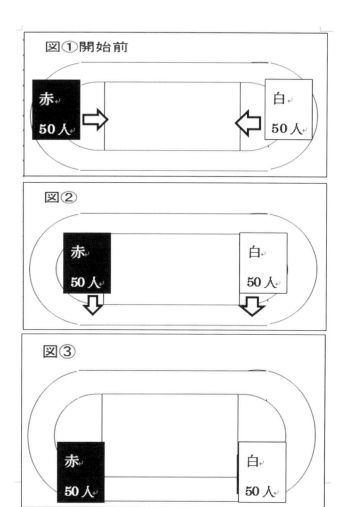

　まずは、図③の位置に並ばせる。自分の場所を覚えなさい、と言って確認する。その後、図②に移動。図②から教師がカウントしながら、図③に移動。これならできる。その後、図②に戻る。位置を確認。同様に、図①に移動。カウントしながら、図②へ。そして、カウントしながら、図③へ。この後、初めて、音楽に合わせて、歩かせるという流れである。

　この指導法は、集団行動だけでなく、ダンス指導などでも使える。最終段階を先に経験させておき、それに向かって指導をしていく方法は、運動会の団体演技で極めて効果的である。

6-2

団体演技　交差の指導

小学生でもできる！　保護者感動の交差の指導

●高学年　1学期

必要な準備
【場所】運動場　体育館
【準備物】スピーカー　音源CDなど
【準備時間】—

　前項の団体演技の続編である。交差の指導は、1時間ほどの指導で、ポイントさえ押さえれば、保護者も感動する演技が実現する。

　集団行動は、大学生のYouTubeの映像等の影響もあり、数年前くらいから、小学校の団体演技でも取り入れられようになった。

1．集団行動の交差

　写真は数年前の実践である。指導は、決して簡単ではないが、細分化し指導することで、小学校でも30分ほどの指導で充分実践可能である。
　集団と集団がぶつかりそうになりながらも、ぶつからずに、移動することで、見てい

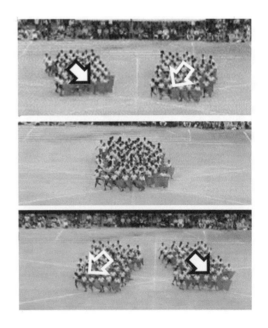

る側も感動する。

　ただし、やっている本人たちは、どうなっているのか分からないので、上から撮影した動画を見せてあげるとよいだろう。

2．指導のポイント

　下図のように、第一に、**横をしっかりと揃える**ことが最大の条件である。下図であれば、横４人が揃わなければいけないとういことだ。第二に、斜めに進むわけだが、基本的には、**体は前に向けたまま、足だけで斜め横に進んでいくこと**（体を斜めに向けない）がポイントである。こうすることで、列の間がキープされる。そして、第三に、**キープされた間をもう片方の列が通り抜ける**ことで、集団交差が完成する。

　指導のステップとしては、

①映像を見せて、どのような動きをするのかを理解させる。
②おへそを前に向けながら、足だけで斜めに歩くことを教え、片方のグループずつ歩かせる。
③どの列がどこの間を通るかを指示する。
④短い距離から行い、長い距離に挑戦する。

　以上のようなステップで指導ができる。子どもの動きが良ければ、30分で指導可能である。

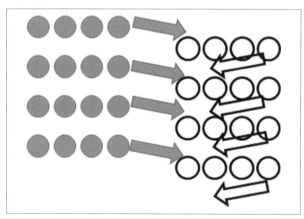

6-3 準備5分

創作ダンス
グーチョキパーで誰でもできる創作ダンス

●全学年　全学期

必要な準備
【場所】体育館
【準備物】スピーカー　8ビードの音源（CDなど）
【準備時間】5分（スピーカーとCDの準備）

　表現運動では、即興でできる身体表現が重視されている。しかし、いきなり自由に踊りなさいと言っても、子どもたちは踊れるようにならない。そこに、グーチョキパーの要素を加え、ステップを作り出すことで、どの子も即興で音楽に合わせて、楽しく踊ることができる実践である。

1．8拍子に合わせて、グーチョキパーで振り付ける

　まずは、8拍の中に、グーチョキパーの動きを当てはめていく。
　1・2・3・4・5・6・7・8の、1・2で1拍、3・4で1拍、5・6で1拍、7・8で1拍、という形だ。これに、グーチョキパーを当てはめていく。

1	2	3	4	5	6	7	8
グー		チョキ		グー		チョキ	

1	2	3	4	5	6	7	8
グー		グー		グー		パー	

　まずは、教師が行い、真似をさせる。最初のうちは手で行い真似をさせるとよい。

その後、体全体を使い、振り付けができるようにしていく。

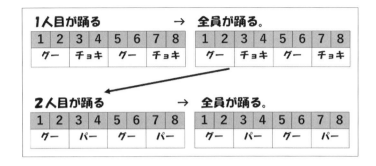

次に、子どもたちに自由に組み合わせを考えさせる。グーチョキパーを組み合わせるだけなので、どの子も抵抗なく行うことができる。

その後、グループ（4人程度）にして、1人が踊り、それを真似するということを繰り返させる。グーチョキパーの組み合わせなので、即興でも作ることができる。上図のように、1人が踊って、残りのグループが真似するという流れを一定作っておいて、この段階で、初めて音楽をかける。そうすると、次々に即興で踊りだし、それを真似するという空間がグループごとに成立する。

その後、グループの数を増やしていく。

クラスの実態にもよるが、可能であれば、全体で円になると一体感があってよい。

2．拍を崩して、考えさせる

2時間目。基本の8拍子ができるようになっているので、2時間目以降に、拍を崩していく。例えば、右図のような形である。あとは1時間目と同じように進める。

1	2	3	4	5	6	7	8
グー		グー		グー	チョキ	パー	

1	2	3	4	5	6	7	8
グー	グー	グー	グー	グー	チョキ	パー	

7-1 準備1分

低学年　長縄

スモールステップで低学年も連続で入れる

●低学年　2、3学期

> **必要な準備**
> 【場所】運動場　体育館
> 【準備物】長縄、コーン4つ
> 【準備時間】1分
>
> 　長縄跳びを校内のイベントとして、行っている学校は多い。低学年でも、効果的に指導すると、連続で入ることができるようになる。準備は、長縄とコーン4つでOKである。

　高学年の長縄指導をすることが多かった。初めて、1年生に長縄を指導するとき、ここまでできないのかと戸惑うことが多かった。しかし、その戸惑いの中から、効果的な指導法を発見していくことができた。

1．初日　「通り抜け」がおぼつかない

　跳ぶのは難しい。それは、ある程度、理解していた。しかし、通り抜けるのも1年生にとっては、ものすごく抵抗が強いことが10分ほどの指導で分かった。

　以下のような、指導を行った。

①縄を回し、その中を通り抜けさせる。
②コーンを置いて、回さずに動線を確認。
③回しながら、通り抜けさせる。

　①の時点で、これは無理だと思った。

子どもたちは、縄が怖い。考えてみたら、初めての長縄跳びなのだ。怖くて当然だ。

子どもたちは、走り抜けるというより、右上図のように回し手（教師）のすぐ手前で横に出てしまうといった感じだった。

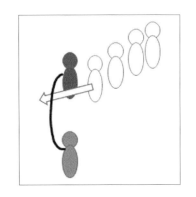

これでは、ダメだと思い、右下図のように、コーンを置いて、動線を示し、走り抜ける練習だけをした。これなら、何とかいける。

長縄をするとき、通常、教師はAの位置に立つが、このときはBの位置に立ち、評定した。Aだと、背中に向けて、評定することになり、子どもは誰に言われているか、分からない。Bだと、顔を見ながら、合格、不合格と評価することができる。

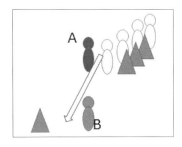

34人中、コーンの外を通ってしまった子は、3人だった。残りの3人も、もう一度やらせると、すぐにできた。

次に、回しながら通り抜けをさせた。この時点で、Aに戻り、縄を回した。Aに行くことで、タイミングをはかり、子どもの背中を押すことができる。

縄を回しただけなのだが、これも子どもたちにとっては、かなり抵抗があるようだった。ただ、跳ぶわけではないので、少し強引に背中を押すことで、ある程度、入ることはできるようになった。1日目はここまでで、終了。

2．二日目　3割が跳べる

二日目。まずは、復習で動線の確認をした。

動線を確認した後、次に次ページ図のように、真ん中に縄を置いたままにし、これだけで跳び越えさせた。

これだけでも、子どもにとっては少し抵抗が強いようだったが、数回繰

り返すうちに動線を保ったまま、できるようになった。

いよいよ、縄を回して、跳ぶことに挑戦させる。

このときに、バラバラのリズムで入れるのではなく、一定のリズムで入らせたい。

以前、サークルの先輩の阪下氏から教わったリズム言葉を子どもたちに教える。リズム言葉は

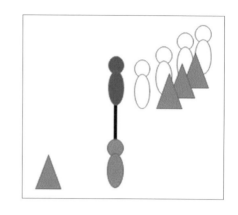

「ついたら　入って　ぴょーーーん」
（1　　　2　　　3　　　4）

である。下に数字が書いてあるのは、縄を回す回数である。つまり、1人の子どもが跳ぶ間に、4回縄を回すのである。少しやりすぎかと思ったが、1年生は、これくらいで、ちょうどであった。

「ついたら」で準備をし、「入って」で入る。「ぴょー」で跳び、「ーーん」で出る。という流れになる。

もちろん、できない子もいることは容易に想像できたので、この時点では、跳べる子だけ跳びなさい、というようにした。その結果、3割程度の児童はリズムよく入り、跳べるようになった。

3．三日目　全員、一度は跳べるようになる

三日目。二日目のステップで復習を行った後、同じリズム言葉で、入って跳ばせる指導を行った。20分ほどである。

3回目の指導では、背中を押すこと、そして、子どもが跳んだタイミングで、縄を回すということに重点を置いた。

次ページ図のように縄を持たない手で、子どもたちの背中を押していく。

「ついたら　**入って**　ぴょーーーん」の**入って**のときに背中を押す。ある程度、背中を押してあげて、縄の真ん中まで子どもが入れば、あとは子

どもの跳ぶタイミングに合わせて、縄を調整して、回すようにすれば、跳ぶ体験をさせることができた。

3周し、確認すると、全員が1回は跳ぶことができていた。

しかし、ここでまた、新たな課題が出てくる。リズムよく、跳べるようになってくると、子どもたちは、嬉しくなって、跳んでいる児童にかぶ

りつきになってしまい、待っている間に、前に進まなくなる。

結果、出口のところに、子どもがたまってしまい、スムーズに出ることができなくなってしまった。ここで、子どもの作っている円をより大きくして、出口のところをあけるようにした。ここまでして、3時間目終了。

この後は、徐々に言葉を削っていく。

「入って　ぴょーーーん」
（1　　　2　　　3）
「入って　ぴょーん」
（1　　　2）
「ぴょーん」「ぴょーん」
（1）　　　（1）

という流れだ。

ただ、もちろん、この時点でも全員が連続で入れるわけではない。こういった状態で効果を発揮するのが、個別評定である。連続で入ることができている子どもに対して、「合格」と言い、合格した子どもだけを集めて、連続で跳ばせた。子どもたちは、これで連続して入るという意味が分かったようであった。

とは言え、低学年の長縄は、教師の回し方が極めて大切である。子どもが引っかからないように回す。そして、タイミングよく背中を押すことが重要である。

7-2 準備1分

高学年　長縄
毎時間10分の指導で1分間100回を突破しよう

●中高学年　3学期

必要な準備
【場所】運動場　体育館
【準備物】長縄　コーン
【準備時間】1分

　長縄跳びを行っている学校、クラスでは、1分間に100というのが、一つの大きな目標となる。1分間に100回を達成するためには、いくつかのステップが存在する。以下は茨城県桑原和彦氏の実践がベースである。

　1分間80と1分間100の間には、かなり大きな壁が存在する。本稿ではそれをクリアするための具体的な手立てを紹介する。

1．最大のポイントは、入り口

　長縄跳びには、様々なポイントがある。
　動線、順番、入る場所、出る場所などだ。
　しかし、記録をあげるために、最大のポイントは何か？　と聞かれると、私は、**入り口にどれだけ詰めるか**、が最重要ではないかと考える。
　長縄跳びの引っかかる原因は、複合的である。
　前の人の遅れが、少しずつ後ろの人に伝わっていき、若干の誤差が生じ、引っかかることがよくある。
　1分間に90を超えるあたりから、そのようなちょっとした誤差が致命傷になる。

右写真は、だいたい1分間90回〜100回くらいのペースで跳んでいるときのものだが、中央の子が跳んでいるときに、すでに、後ろの子が持ち手（私）の前あたりから、入ることができる状態になっている。

　入り口でぎりぎりまで詰めた状態を維持できれば、引っかかりをかなり減らすことができる。

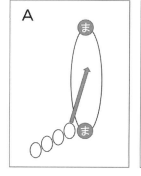

2．入り口の並び方

　次に大切なポイントも、やはり、入り口である。

　入り口で、どのように並ぶのか、が大切だ。

　並び方としては、AとBどちらのほうが子どもたちにとって、跳びやすいだろうか？

　私は、ずっとAのほうが

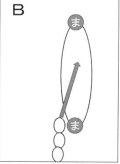

跳びやすいと思っていた。子どもも縄の中心が見やすいからだ。

　しかし、ここ数年、子どもの様子を見て、Bのほうが跳びやすいことが分かった。

　入りやすさが全く違う。入り口周辺で、B図のようにまっすぐ並ぶことにより、1で書いたように、詰めることができる。また、回し手との距離も詰めることができ、まっすぐに入ることができるのだ。

3．縄の長さ

　意外と軽視されているが、大切なのが縄の長さだ。

私が初めて、長縄跳び100を達成したのは、4年生を担任したときだった。この時もずっと、90の壁を超えることができずに、悩んでいた。その際、和泉市の阪下氏から縄の長さについて、アドバイスをいただいた。
　私は、それまで、3m近い長さの長縄を使っていたが、これだと抵抗がかなり大きくなる。
　子どもたちが、跳ぶことに慣れてくると、縄をどんどん短くしていったほうがよい。
　私は、全部で4種類くらいの長さの縄を持っている。
　100を超えるペースで回すためには、2m前後の跳び縄のほうが回しやすい。子どもの現状を見据えながら、縄の長さを変えていくことも、大切な微細技術である。

4．子どもの並びを確定する

　これも当たり前ということで、あまりセミナーなどでは、触れられていないが、子どもの並びを確定してしまうのは、極めて有効である。
　はじめのうちは、背の順などでよい。
　とにかく、並びを確定させてしまう。
　そのうえで、子どもたちの跳んでいる姿をしっかりと観察し、必要であれば、並び替えをしていけばよい。
　苦手な子にとっては、後ろの子も重要であるが、それ以上に大切なのが、前の子がどのタイミングで、どの位置から跳ぶかということである。
　前の子の跳ぶタイミングが遅ければ、後ろの子は、入るタイミングが遅くなり、引っかかってしまう。
　並びを確定させた後で、苦手な子を上手な子がはさむような形にするのが良い方法である。
　また、セミナーなどでよく紹介されている茨城の桑原氏の実践で、ギアチェンジも効果的である。縄のスピードが速くても、抵抗なく跳べる子どもを前方に集め、縄のスピードが遅くないと跳べない子を後方に集める。
　そして、教師が回すスピードをコントロールすることで、記録を10〜20回くらい上げることができる。

5．最も大切なのは温かい雰囲気とドンマイ

　さて、ここまで1分間100を超えるための様々な手立てを書いてきたが、記録の達成を目標にしてしまうと、長縄の雰囲気は一気に悪くなってしまう。長縄をすることで、かえってクラスに悪影響を及ぼしてしまう。

　大切なのは、長縄を通して、子どもが成長することであり、新しく何かを学ぶことである。

　そういった観点で最も大切なのが、ドンマイとプラス言葉だ。先にも書いたように、長縄は前の子やその前の子が原因で引っかかる場合もある。だから、引っかかったときには、必ずドンマイと言い合える雰囲気を最初につくっておくことが大切である。温かい雰囲気で、記録を達成するからこそ、子どもの成長につながるのだ。

☆コラム体育微細技術6　長縄指導前に行う趣意説明

　長縄は、記録に挑戦することで、クラスの気持ちが一つになり、クラス全体の達成感にもつながる。

　しかし、気をつけなければ、失敗を攻撃するような悪い雰囲気に陥ってしまうこともある。

　だからこそ、長縄指導の前には、以下のような趣意説明が必ず必要だ。

　「長縄をしていると、お友達が引っかかるときがあります。でも、その原因は、必ずしも、その人とは限りません。その前の人が原因かもしれないし、その前の前の人が原因かもしれない。それは、先生にしか分かりません。だから、もし引っかかった人がいたら、みんなは、『ドンマイ』と言うようにしましょう。」

　このように最初に伝え、引っかかったときに、「ドンマイ！」と言う子をしっかりと褒めるようにする。長縄指導では絶対必要な趣意説明だ。

7-3　準備5分

ダブルダッチ

憧れの技もスモールステップで、どの子も跳べる

●中高学年　2．3学期

必要な準備
【場所】運動場　体育館
【準備物】長縄2本（色が付いていれば指導しやすい。）
【準備時間】5分（縄の準備）

　ダブルダッチは2本の長縄を同時に回し、中でステップを踏みながら跳ぶ、見た目、ものすごく難しい縄跳びの技である。しかし、色付きの2本の長縄があれば、スモールステップでどの子も跳べるようになる。色付きがない場合は、一方の縄にビニールテープを10cmおきくらいに巻くなどして、色付きを作ることができる。

　ダブルダッチは、迎え縄を跳ぶことで入ることができる。しかし、どのタイミングで入るべきなのかが、難しい。従来の迎え縄を跳ぶステップに加え、もう1つのステップを加えることで、子どもたちにダブルダッチに入るタイミングを習得させることができる。以下、滋賀県の松田大央氏の実践である。

1．従来のステップ

　ダブルダッチの指導の従来のステップは、以下のような流れである。

①遮断機（次ページ写真）
　縄を上下させ、縄が下がっているときに、跳び越える。
②縄を上下させるだけではなく、次ページ写真のように、縄が下で跳び手

に向かってくるような形（迎え縄）で、縄を回し、跳び越えさせる。

③徐々に普通の回し方に近づけていき、迎え縄で跳べるようにする。

④迎え縄が跳べるようになった時点で縄を2本にし、ダブルダッチに挑戦する。

その際、縄の色は変えておき、迎え縄のほうだけを見て、跳ばせる。

7-3 ダブルダッチ　131

※太い点線になっている縄が迎え縄である。この縄を目立つ色（黄色など）にすると、跳びやすい。

2．さらに入りやすくするためのステップ

上述したようなステップで何度か行うと、多くの子どもは、入れるようになる。

しかし、どうしてもタイミングがつかめず、入れない子がいる。

そのような子どもにも有効な指導法を、滋賀県の松田大央氏に教えていただいた。

上記①〜④のステップのうち、②をさらに細分化したステップである。

②の縄を三角形で回す。写真に縄の軌跡を加えると、右のようになる。

この三角形のそれぞれの辺に番号をつけ、回す際に、1、2、3と号令をかける。

1で、床をはう。

2で、上げる。

3で、戻す。

というような軌道で回す。

この軌道で回した後、子どもたちに以下のように発問する。

1、2、3、どこで入れば、入ることができますか？

どこで入るかをすでに、迎え縄の際に意識させることで、入るタイミングを習得させることができる。

実際にやってみると、すぐに分かるが、これは、上の写真②のタイミングで入ることで、スムーズに跳ぶことができる。

次に、縄を回す号令を、1、2、3から、1、2——に短縮する。

2の最初部分にスタートすれば、タイミングよく入ることができる。

　一点だけ、注意しなければいけないことがある。縄を回す際は、縄をぴんぴんにして、回さなければいけないことだ。そうしないと、三角形で回すことができない。

　縄をぴんぴんに張り、回し手が①のときは、しゃがんで、②で立ち上がり、③でしゃがみこむという回し方になる。回し手もきついが、ここまでして、子どもたちは、初めてタイミングが理解できるようになる。

3．回し手を育てる

　初期のうちは、回し手の片方は教師がしたほうがよいが、慣れてくると、子どもにもやらせるようにする。

　教師以外に回し手が育たなければ、運動量が確保できないからだ。複数グループで取り組めば、当然、運動量が増える。

　全体でのダブルダッチの授業と並行して、全員に回し方の練習を行うとよい。

　短縄を2本使い、2人組で回し手の練習をさせる。はじめは、縄をピンと張り、リズムよくくるくる回す練習をさせる。それができたら、少しずつ、地面に縄が当たるようにゆるみをもたせていくという感じだ。

　子どもだけで回すことができれば、休み時間などにも取り組み、どんどんうまくなる。

　ブームを起こせば、特別なことをしなくても、技能はどんどん向上していくようになる。

7-4 準備なし

二重跳び

きっかけづくりとシステムで二重跳びができる

●全学年　2．3学期

必要な準備
【場所】運動場　体育館
【準備物】短縄（個々に準備させておく。）
【準備時間】なし

　短縄跳びは、とにかく運動量が大切である。とはいえ、45分ずっと縄跳びもしんどい。鉄棒指導と同じように、仕組みの中で、短時間の練習を繰り返していくことができるようになる方法である。

1．二重跳び最初の1回の指導

　二重跳びは、最初の1回をまずできるようにするのがスタートになる。以下のように指導する（TOSSランド藤澤芳昭氏の実践を参考）。
①リズムよくつま先でジャンプする練習。
②ジャンプする間に1回手をたたく（うん、ぱ。のリズム）。
③ジャンプする間に1回ひざの横部分をたたく。
④ジャンプする間に2回ひざの横部分をたたく（うん、ぱぱ。のリズム）。
⑤跳び縄を半分に折り、体の横で素早く回旋する練習（右左行う）。
⑥跳び縄を半分折りにして、ジャンプせずに、○○○◎と回す練習。
　（○○○◎　○が1回旋、◎が2回旋。同じく左右繰り返す。）
⑦跳び縄を元に戻して、ジャンプして、跳びながら○○○◎
　とにかく、◎のときに、思いっきりジャンプして、1回だけでいいので、1跳躍の間に、2回旋できるようにする。

2．連続2回以上跳べるようになる指導

　最初の1回が跳べれば、後は、以下のようなステップで指導していく。
　○1回旋1跳躍　◎2回旋1跳躍（二重跳び）

① ○○○◎
② ○○○◎○○○◎
③ ○○○◎○○◎○○◎
④ ○○◎○○◎○○◎
⑤ ○○◎○○◎
⑥ ○◎◎

※ INF 国際なわとび連盟会長の太田昌秀氏の実践を参考にステップを考えている。

　このように、間に1回旋1跳躍を入れる。それを徐々に少なくしていくというステップである。

3．二重跳びリレー

　二重跳びの指導で、盛り上がり、子どもたちも上達するのが二重跳びリレーである。以下のように行う。

①右図のように、2組に分かれて並ぶ。男女がお勧め。
　（男女の場合、チームの人数に差があってもよい。）
②スタートの合図で、前から順に二重跳びをしていく。
　引っかかったり、できなくなったら座る。
③前の人が座ったら、次の人が立って、跳び始める。
④最初の5回までは、1回旋の前まわし跳びでOK。
⑤先に全員跳び終わった方が負け。

　全員に見られている緊張感があるので、最初の1回がこの時にできることがよくある。以下のようなポイントを意識すると、さらに効果的である。

1）毎時間続ける。
2）連続で跳べない子は、間に3回まで1回旋を混ぜるのを認める。
3）負けたチームは、最初に戻って跳び始める。

> 7－5　準備なし
>
> # あや跳び　はやぶさ
> 最初の1回の指導で、できるようにしよう
>
> ●全学年　全学期

> **必要な準備**
> 【場所】運動場　体育館
> 【準備物】短縄（個々に準備させておく。）
> 【準備時間】0分
>
> 　短縄跳びの授業をするためには、当然、子どもたちに、跳び縄を持ってこさせておかなくてはいけない。1週間前あたりから連絡を行い、忘れた子どもへの貸し出しも準備しておく。あとは、準備は必要なく、すぐ授業できる。

　低学年の憧れの技、あや跳び。そして、高学年の憧れの技、はやぶさ。いずれも、指導の際のポイントがある。それは最初の1回にしぼり、細分化して指導を行う、ということである。以下TOSS体育授業研究会の、藤澤芳昭氏に教えていただいた方法である。

1．あや跳びの指導

　まずは、次ページ写真のように、腕全体をバンザイのポーズで上げるようにする。
　そこから、片足を出し、その下に縄を入れて、止める。

　これは、前回し跳びができれば、普通にできる。

　次に、持ち方を確認する。上右写真のように、人差し指を立てて持つと、交差しやすい。

　次に、交差する位置を確認する。右写真のように、肘と肘とが重なり、重なった部分がちょうど、おへそにくるようにする。

　交差をするポイントが体感できれば、次は、先ほどの足で止める指導と、ミックスさせる。

　バンザイのポーズから、縄を下ろす最中に、腕を交差させる。そして、下りてきた縄を片足で止める（次ページ写真）。

　これが、何回か繰り返しできるようになったら、今度は跳んでみる。

　これで、跳べれば、最初の1回がクリアである。最初の1回が跳べれば、あとは、繰り返しで跳べるようになっていく。

2．はやぶさの指導

　はやぶさも大切なのは、最初の1回である。はやぶさができる条件は、ノーモーションからの二重跳びができるということである。右写真のように、静止した状態から、二重跳びをする。

　これが、できれば、二重跳びの二回目を交差するように伝える。

ヒュヒュンの2回目のヒュンのときに、手を交差しなさいと伝える。

これで、はやぶさの最初の1回ができたことになる。

まずは、最初の1回ができるようになることで、はやぶさ、あや跳びができるようになるのだ。

―― ☆コラム体育微細技術7　体育授業の開始を短縄で固定する ――

　縄跳びも鉄棒と一緒で、短時間を繰り返すことで、向上する。私は、どの学年を持っても、年間通して、短縄を授業開始に取り組むようにしている。体育館や運動場に着くと、チャイムが鳴る前から、子どもたちが短縄をしている状況を意図的につくっておく。

　そのうえで、チャイムが鳴ったら、
①前回し跳び20回、できたら座る。
②駆け足跳び15回、………座る。
③後ろ跳び10回、………座る。
というように変化を加えて、できたら座らせていくようにする。全部で10種類くらの技を次から次へと行っていく。全員が座るのを待つ必要はない。7割くらいが座ったら、次に進むというようにやっていく。

　継続して指導することで、2学期後半には、驚くほど、縄跳びが上達する児童が増えている。

7-5　あや跳び　はやぶさ　139

7-6 準備なし

2 IN 1

2人組で跳ぶ、様々な工夫ができる縄跳び

●全学年　2．3学期

必要な準備
【場所】運動場　体育館
【準備物】短縄（個々に準備させておく。）
【準備時間】なし

　短縄は、個人種目の要素が強いが、2人組で行うものもある。2 IN 1は、子どもたちが自主的に様々な跳び方を考える大阪の池川佳志氏の実践である。

1．2 IN 1

　2人で1本の跳び縄を使い、1人が中に入って跳ぶので2 in 1と言う。まずは、図0のように、2人とも同じ方向を向き、あや跳びの持ち方で縄を持ち、回す。初めはゆっくりゆっくり回すことを意識する。次に図1のような状態で、Aが跳ぶ。Aが跳べたら、次は、図2のようにBが跳ぶ練習をする。この状態が基本の跳び方になる。まずは、基本跳びをしっかりできるようにする。ここまでできたら、今度は、掛け声を教える。「見て見て見て　跳ぶ」である。「見て」のときには、図0のように回旋するだけ。「跳ぶ」のときには、AかBのどちら

かが跳ぶようにする。3回「見て」、1回「跳ぶ」くらいの割合が最初はちょうどよい。

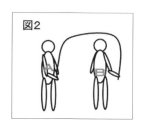
図2

このようにして、Aが跳んで、Bが跳んでというように、跳ぶ動作を交互に繰り返すようにするのが2in1の交互跳びである。初めのうちは、「見て」を3回入れるようにするが、慣れてくると、「見て」の回数を減らし、「跳ぶ」の回数を増やしていく。最終的には、「跳ぶ　跳ぶ　跳ぶ　跳ぶ」も可能である。また、紙面の都合上、割愛するが、持ち方を変えたり、跳び方を変えたりすることで、写真のように無数に跳び方に工夫ができる。次々に子どもたちに新しい跳び方を考えさせると面白い。

2．ペアを交代する

跳ぶ回数を増やしたり、跳び方を工夫したりするのも面白いが、ペアを次々と変えていくのも大切である。例えば「見て見て見て　跳ぶ」が1回できたら、教師のところに来るようにする。

教師の前でやらせてみて、できていれば、「合格。分かれて並ぶ」と伝える。

図のように2つのコーンを用意し、AとBに分かれて並ぶ。合格した子どもは、A同士、B同士で次のペアをつくる。

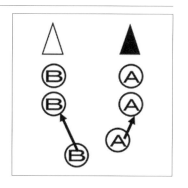

このようにすると、必然的に男女ペアが生まれる。

縄を媒体としているので、直接的な接触も少なく、恥ずかしがらずに男女ペアでも取り組むことができる。

7-7 準備なし

ドンじゃんけん
体育館のラインですぐできる

●全学年　全学期

必要な準備
【場所】体育館　運動場
【準備物】笛　フラフープ
【準備時間】運動場の場合のみ、ラインを引く必要あり。2分ほど。

　低中学年に準備なしで、すぐできて、ものすごく楽しい向山氏の実践にドンじゃんけんがある。体育館のラインを利用すれば、本当に準備なしですぐに実施できる。フラフープがあれば、より勝敗が分かりやすい。

1．基本ルール

以下が、ドンじゃんけんの基本的なルールである。

①チームを2つに分ける。
②右図のように、ラインの末端にチームを並ばせる。

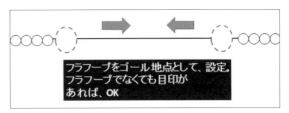
フラフープをゴール地点として、設定。フラフープでなくても目印があれば、OK

③スタートの合図で、両チーム1人ずつが走って行く。
④お互いが出合ったところで「ドン」と言い、ハイタッチをして、じゃんけんをする。

⑤勝った人は、そのまま進む。
⑥負けたチームは、次の人がスタートする。
⑦相手チームのところまで、勝ち進んでいければ、1点（図のようにフラフープを置くと、混乱が少ない）。

　1点取った後は、二回戦となり、同じように繰り返していく。シンプルであり、面白い。ここまでは、多くの人が知っている実践である。

2．発展ルール　縦ラインを増やす

　ドンじゃんけんには、この後、発展形が存在する。
　以下のようなルールである。

①ラインのどこを走ってもよい。途中で曲がってもよい。
②チームの前の子の勝ち負けに関係なく、次々スタートしてよい。
③ラインからラインへの、跳び移りはなし。
④先に1点取ったほうが勝ち。

　大切な変更点は、②と④である。最初のうちは、あっという間に点が入る。ただ、先に1点取ったほうが勝ちとなるので、勝ち負けは、はっきりする。このときに、大切なことがある。**「勝敗がついたら、全員を中央に集め、誰が入ったかを告げる」**ことである。このように、ゲームの始めと終わりを明確にすることが大切だと、向山氏は述べている。この部分をとばして指導すると、面白さが半減してしまうのだ。
　向山実践では、一貫して、2チーム男女対抗で行っている。盛り上がった様子が掲載されている。1年生なりに、様々な作戦を立てている。まさにアクティブ・ラーニングだ。ドンじゃんけんの実践は、『向山洋一全集26』に掲載されている。読むたびに新しい発見がある名著である。

8 年間指導計画と準備物一覧

※本書の中には、年間計画の全ての実践が明記されているわけではありません。紙面の都合上、一部のみ掲載しています。ご理解ください。

❶ 低学年年間指導計画・準備物一覧

		領域（時数）	題材	準備物（1班4人〜6人で想定）	掲載ページ
1学期	中体育	体ほぐし（4h）	集合・整列 体ほぐし	①風船：班に1個	10〜23
		マット遊び（6h）	前回り　後ろ回り	①マット：班に2枚　②踏切り板：2班に1台	54〜61 66〜67
	外体育	鬼遊び・固定遊び（6h）	鬼ごっこ　ドンじゃんけん 固定器具遊び	①ラインマーカー　②フラフープ：6個程度	142〜143
		ボール遊び（6h）	宝島ゲーム	①フラフープ：2班に5個　②紅白玉	
		水遊び（8h）	もぐる　浮く		106〜115

※水泳指導期間中は、中体育の時数も外体育で行う。
※保健体育は、入れていない。

		領域（時数）	題材	準備物（1班4人〜6人で想定）	掲載ページ
2学期	中体育	表現遊び（4h）	運動会団体演技 ダンス	①スピーカー　②CD　③コーン	116〜117
		跳び箱遊び（6h）	乗り降り　またぎ越し	①跳び箱：班に1台　②マット：班に1枚	68〜69
		走る運動遊び（6h）	ドンじゃんけん	①フラフープ：6個程度	142〜143
		多様な動きをつくる運動遊び（5h）	短縄跳び　長縄跳び	①跳び縄：1人1本　②長縄：1本	122〜125 136〜139
	外体育	表現遊び（4h）	運動会団体演技 集団行動	①スピーカー　②CD　③コーン	116〜117
		走る運動遊び（2h）	運動会走の指導 50m走	①ラインマーカー　②コーン ③バトン：チーム分	30〜33
		跳ぶ運動遊び（5h）	跳び遊び	①踏切り板：2班に1個 ②跳び箱：2班に1個	
		鉄棒遊び（5h）	鉄棒遊び	①高さの合う鉄棒が班の数だけあれば理想	80〜87
		多様な動きをつくる運動遊び（5h）	短縄跳び　長縄跳び	①跳び縄：1人1本　②長縄：1本	122〜125 136〜139

		領域（時数）	題材	準備物（1班4人〜6人で想定）	掲載ページ
3学期	中体育	ボール遊び（6h）	ドキドキ中当て	①ライトドッジボール：班に1個 ②コーン：2班に4個	88〜91
	外体育	ボール遊び（6h）	卵割りサッカー	①ボール：1人1個　②ラインマーカー ③コーン：2班に2個	92〜95

2 中学年年間指導計画・準備物一覧

		領域（時数）	題材	準備物（1班4人～6人で想定）	掲載ページ
1学期	中体育	体ほぐし（4h）	集合・整列 体ほぐし	①風船：班に1個	10～23
		マット（6h）	前後転（開脚）・側転・倒立	①マット：班に2枚　②踏切り板：班に1台 ③跳び箱1段：班に1個　④ゴム紐：班に1本	54～67
	外体育	陸上（6h）	短距離走 小型ハードル走	①記録用紙とバインダー：班に1セット ②バトン：班に1個　③SW：2班に1個 ④小型ハードル：班に2台～3台	30～41
		ボール運動（6h）	並びっこキックベース 簡易ルール	①ドッジボール：班に1個　②コーン：2班に4個 ③得点板：2班に1個　※なければ、赤白玉で代用	
		水泳（8h）	クロール　平泳ぎ ちょうちょ背泳ぎ	①ヘルパー：2人に1個あれば、理想	106～115

※水泳指導期間中は、中体育の時数も外体育で行う。
※保健体育は、入れていない。

		領域（時数）	題材	準備物（1班4人～6人で想定）	掲載ページ
2学期	中体育	表現（4h）	運動会団体演技 民舞	①スピーカー　②CD　③コーン	116～119
		跳び箱（6h）	開脚跳び　抱え込み跳び 台上前転	①セーフティーマット：1個　②マット：班に2枚 ③踏切り板：班に1台　④得点板：2班に1個	68～79
		走り高跳び（5h）	またぎ跳び	①マット：班に2枚　②コーン：班に2個 ③高跳び用スタンド：班に1セット （なければ　園芸用の支柱：班に2本） ④ゴム紐：班に1本	48～53
		体つくり（5h）	短縄跳び　長縄 2IN1	①跳び縄：1人1本　②長縄：クラスに1本	126～143
	外体育	表現（4h）	運動会団体演技 集団行動	①スピーカー　②CD　③コーン	116～119
		陸上（2h）	運動会走の指導 100m走　リレー	①ラインマーカー　②コーン　③バトン：チーム分	30～33
		走り幅跳び（5h）	走り幅跳び	①記録用紙とバインダー：2班に1個 ②ラインマーカー　③メジャー：2班に1個 ④とんぼ：2班に1個	42～47
		鉄棒運動（5h）	前回り　逆上がり	①高さのあう鉄棒：班の数だけあれば理想	80～87
		体つくり（4h）	短縄跳び　長縄 2IN1	①跳び縄：1人1本　②長縄：クラスに1本	126～143

		領域（時数）	題材	準備物（1班4人～6人で想定）	掲載ページ
3学期	中体育	ボール運動（6h）	キャッチハンドボール	①ライトドッジボール：班に1個 ②コーン：2班に6個　③得点板：2班に1個	96～99
	外体育	ボール運動（8h）	プレルボール	①ドッジボール：1人1個 ②ラインマーカー	

3 高学年年間指導計画・準備物一覧

	領域（時数）	題材	準備物（1班4人～6人で想定）	掲載ページ
1学期 中体育	体ほぐし（4h）	集合・整列 体ほぐし	①風船：班に1個	10～23
	マット（6h）	前後転（開脚）・跳び前転 側転・倒立	①マット：班に2枚　②踏切り板：班に1台 ③跳び箱1段：班に1個　④ゴム紐：班に1本	54～67
1学期 外体育	陸上（6h）	短距離走 ハードル走	①記録用紙とバインダー：班に1個 ②バトン：班に1個　③SW：2班に1個 ④ハードル：班に2台～3台	30～41
	ボール運動（6h）	並びっこキックベース	①ドッジボール：班に1個　②コーン：2班に4個 ③得点板：2班に1個　※なければ、赤白玉で代用	
	水泳（8h）	クロール　平泳ぎ ちょうちょ背泳ぎ	①ヘルパー（泳げない子の分があれば理想）	106～115

※水泳指導期間中は、中体育の時数も外体育で行う。

	領域（時数）	題材	準備物（1班4人～6人で想定）	掲載ページ
2学期 中体育	表現（4h）	運動会団体演技 集団行動	①スピーカー　②CD　③コーン	116～119
	跳び箱（6h）	開脚跳び　抱え込み跳び 台上前転　首跳ね跳び	①セーフティーマット：1個　②マット：班に2枚 ③踏切り板：班に1台　④得点板：2班に1個	68～79
	走り高跳び（5h）	またぎ跳び	①マット：班に2枚　②コーン：班に2個 ③高跳び用スタンド：班に1セット （なければ　園芸用の支柱：班に2本） ④ゴム紐：班に1本	48～53
	体つくり（5h）	持続走　創作ダンス 短縄跳び　長縄	①跳び縄：1人1本　②長縄：クラスに1本	126～143
2学期 外体育	表現（4h）	運動会団体演技 集団行動	①スピーカー　②CD　③コーン	116～119
	陸上（2h）	運動会走の指導 100m走　リレー	①ラインマーカー　②コーン　③バトン：チーム分	30～33
	走り幅跳び（5h）	走り幅跳び	①記録用紙とバインダー：2班に1個 ②ラインマーカー　③メジャー：2班に1個 ④とんぼ：2班に1個	42～47
	鉄棒運動（5h）	前回り　逆上がり 前方指示回転 後方指示回転	①高さのあう鉄棒：班の数だけあれば理想	80～87
	体つくり（4h）	短縄跳び 長縄　2in1	①跳び縄：1人1本　②長縄：クラスに1本	126～143

	領域（時数）	題材	準備物（1班4人～6人で想定）	掲載ページ
3学期 中体育	ボール運動（6h）	ソフトバレーボール	①高跳び用スタンド：2班に1セット ②ゴム紐：2班に1本　③得点板：2班に1個 ④ソフトバレーボール：班に1個	100～103
3学期 外体育	ボール運動（8h）	サッカー	①サッカーボール：1人1個 ②円盤：20個（もしくは　ハードル10個） ③コーン：2班に6個　④得点板：2班に1個	

〈参考引用文献一覧〉

『体育授業を知的に』向山洋一著／明治図書（1999/11/1）
『感動のドラマ「跳び箱は誰でも跳ばせられる」』
　　　　　　　　　　　　　　　　向山洋一著／明治図書（1999/11/1）
『子どもの運動量を確保する向山流体育授業』
　　　　　　　　　　　　　　　　　向山洋一著／明治図書（2001/2）
『わかる・できる根本体育の基礎基本』
　　　　　　　　　　　　　　　　　根本正雄著／明治図書（2005/4/1）
『世界に通用する伝統文化　体育指導技術』
　　　　　　　　　　　　　　　　根本正雄著／学芸みらい社（2011/5/21）
『誰でもできる逆上がり　新ドリル』辻岡義介著／明治図書（2003/12）
『なわとびダブルダッチの高度技　新ドリル』
　　　　　　　　　　　　　　　　　　表克昌著／明治図書（2003/12/1）
『側方倒立回転　新ドリル』浜井俊洋著／明治図書（2005/5/1）
『二重跳び連続３回　新ドリル』藤澤芳昭著／明治図書（2003/12/1）
『体育授業の新法則　低中高基礎基本』
　　　TOSS「体育」授業の新法則編集・執筆委員会／学芸みらい社（2015/4/1）
『桑原和彦氏長縄の指導法分析冊子』大阪法則化せんり（2015/8）
『マット運動　教師のための器械運動指導法シリーズ』
　　　　　　　　　　　　　　　　　金子明友著／大修館書店（1982/12）
『跳び箱平均台運動　教師のための器械運動指導法シリーズ』
　　　　　　　　　　　　　　　　金子明友著／大修館書店（1987/4/1）

【著者紹介】

本吉　伸行（もとよし　のぶゆき）

1977年大阪府生まれ。大阪教育大学教員養成課程中学校理科卒業。
現在、大阪府摂津市立鳥飼小学校に勤務。
TOSS関西体育中央事務局代表
TOSS大阪みおつくし代表。大阪法則化せんり代表。

体育の指導はもちろん、体育自体も苦手だった。しかし、TOSS体育、向山型体育に出会い、できるようになる体育、楽しい体育の指導に目覚める。

現在、毎月10名～20名ほどのメンバーで体育の授業研究を行っている。子どもに力をつける体育授業、みんなが楽しめる体育授業に興味のある方、是非、共に研究しましょう。

超簡単準備で成功！ 新体育授業のヒケツ
―やったぁ、出来た！ 楽しいネタ・スキル大集合―

2019年4月20日　初版発行
2019年11月30日　第2版発行

著　者　　本吉　伸行
発行者　　小島　直人
発行所　　株式会社 学芸みらい社
　　　　　〒162-0833 東京都新宿区箪笥町31 箪笥町SKビル
　　　　　電話番号 03-5227-1266
　　　　　http://www.gakugeimirai.jp/
　　　　　e-mail : info@gakugeimirai.jp
印刷所・製本所　　藤原印刷株式会社
装丁デザイン　　　小沼孝至
企画　樋口雅子／校正　大場優子

落丁・乱丁本は弊社宛てにお送りください。送料弊社負担でお取り替えいたします。
©Nobuyuki Motoyoshi 2019 Printed in Japan
ISBN978-4-909783-08-0 C3037